U. Guidi, p. 117

LA

JERUSALEM DÉLIVRÉE.

TOME PREMIER.

LA

JÉRUSALEM DÉLIVRÉE,

EN VERS FRANÇAIS.

PAR L. P. M. F. BAOUR-LORMIAN.

TOME PREMIER.

A PARIS,

Chez { L'AUTEUR, rue du Mail, maison de Portugal, nº. 22.
MARADAN, Libraire, rue du Cimetière-André-des-Arts, nº. 9.

AN IV. [1796 ère vulgaire.]

DISCOURS PRÉLIMINAIRE.

Tel est le privilége des grands Poètes, que le temps qui détruit les empires ne peut rien sur leurs écrits. L'œil le plus perçant cherche en vain les débris de Troye, et les vers du Chantre sublime qui célébra sa défaite, font encore nos délices, et feront sans doute celles de la postérité. Tout change, tout s'altère, ou périt. Ces monumens pompeux, où Périclès imprima le sceau de la splendeur athénienne, mutilés, déchus de leur beauté primitive, servent d'asyle à de vils esclaves, et les colonnes du boudoir d'Aspasie embellissent peut-être le harem d'un Pacha de la Morée. Mais les productions du génie, immortelles comme la cause féconde dont elles émanent, roulent avec orgueil sur le torrent des siècles et des orages politiques.

Passionné, dès mon enfance, pour les chefs-d'œuvre de l'antiquité ; convaincu d'ailleurs qu'un Poète doit être traduit dans sa langue, j'ai long-temps hésité entre Homère, Virgile et le Tasse : je me suis enfin déterminé pour ce dernier. Nous possédons déjà plusieurs traductions d'Homère. Celle de Pope, chez les Anglais, jouit d'une réputation hors de toute atteinte; et parmi nous, celle de Rochefort a eu du succès. L'Enéide est en ce moment entre les mains d'un Poète célèbre, dont la France s'honore. Le Tasse seul n'avait point fixé l'attention de nos bons littérateurs, et malgré les versions élégantes et fidelles de *Lebrun* et de *Panckoucke*, j'ai cru qu'il appartenoit à la poésie de prêter de nouveaux charmes à cet ouvrage, dont les graces même ont fondu le coloris. Quel que soit en effet le mérite du Dante et de l'Arioste, l'Italie ne peut se glorifier que de la Jérusalem délivrée. Ce poëme enchanteur, si lâchement avili par l'Académie *Della Crusca*, si légèrement jugé par ce sévère Aristarque, dont les organes éteints ne s'ouvrirent jamais aux illusions célestes du sentiment et de l'amour, n'en a pas moins obtenu les suffrages de l'Europe policée, et désarmé la haine de ses détracteurs.

La Jérusalem a eu l'avantage de fournir des tableaux aux peintres, des sujets à tous les arts. Elle est enfin au nombre des trois ou quatre poëmes épiques dont les premières nations du monde, tant anciennes que modernes, ont à s'enorgueillir. Le rang entre ces divers chefs-d'œuvre s'assigne diversement selon le goût du lecteur. Voltaire, après avoir parlé d'Homère et de Virgile, ajoute :

De faux brillans, trop de magie
Mettent le Tasse un cran plus bas;
Mais que ne tolère-t-on pas
Pour Armide et pour Herminie ?

Cette magie qu'improuve Voltaire, est le ressort du merveilleux dans la Jérusalem. Elle y remplace l'intervention des dieux, toujours si commune, et toujours si froide dans les poëmes épiques. Qu'on ne m'accuse point, cependant, de voir avec un microscope les beautés de mon original. On peut lui reprocher avec justice des *concetti*, tribut qu'il payoit au mauvais goût de son siècle, des longueurs qui refroidissent la marche, et le bel-esprit, trop souvent substitué au sentiment. Quoi de plus beau que l'amour et l'honneur se disputant le cœur d'Herminie ? Mais l'étendue de leurs discours détruit tout le pathétique de cette scène admirable. Quoi de plus tendre et de plus dramatique que les plaintes d'Armide, s'efforçant d'attendrir le héros qu'elle adore? Mais des jeux de mots puériles défigurent ces discours passionnés. Prenons-en un exemple dans le chant XVI:

. . . . o tu, che porte
Teco parte di me, parte ne lassi,
O prendi l'una, o rendri l'altra, o morte
Da insieme ad ambe.

Ce n'est point là certainement le langage de la douleur. Par quel art néanmoins ces vers nous touchent-ils? Ne semble-t-il point même que leur trop de recherche porte dans l'ame une impression douce et déchirante à la fois? Je crois en trouver la raison dans le prestige de la langue italienne. Harmonieuse et flexible, elle se prête également à tous les tons, et sa mollesse naturelle sous les mains du génie, se convertit en force, en grace, en majesté, suivant la nature du sujet. C'est tour-à-tour un tonnerre qui gronde, un zéphyr qui soupire, un ruisseau qui murmure; et toujours variée, elle attache l'attention et la subjugue à son gré.

L'épisode d'Olinde et de Sophronie est regardé communément comme un hors d'œuvre. Ces deux amans qui s'annoncent comme de principaux acteurs, qui brillent un moment, tel qu'un léger météore, et disparaissent aussi prompts que lui, sont estimés peu essentiels à l'action du poëme. Je ne blâmerai point cette critique, sans doute trop éclairée; mais, interrogeant mon cœur, dans lequel leur héroïsme éveille toute la chaleur du sentiment, je me suis dit: Est-il un mortel assez jaloux observateur des règles de l'optique, pour trancher dans sa racine un rosier dont quelques branches odorantes s'inclineraient sur l'allée la plus symmétrique d'un vaste jardin?

Quant au plan du poëme, il paraît conçu d'après celui de l'Illiade, non-seulement par la multitude des combats généreux et particuliers, mais sur-tout parce que dans tous les deux le mécontentement et la rebellion contre les ordres du chef suprême, tiennent le héros principal dans l'inaction, ce qui donne aux héros secondaires le moyen de paraître avec plus d'éclat. La colère retient Achille immobile dans ses vaisseaux, et la mort seule de Patrocle le détermine à prendre les armes, moins pour secourir les Grecs que pour venger son injure personnelle. Le jeune Renaud, amolli par la volupté, sommeille entre les bras d'Armide, et s'en arrache pour voler au secours des Chrétiens, ce qui est pour le moins aussi moral.

Quant aux détails, c'est Virgile sur-tout que le Tasse cherche à imiter; et comme Virgile a souvent imité Homère, il arrive souvent que le Tasse les imite tous deux. On verra peut-être avec plaisir sa manière rapprochée de celle de Virgile, dans plusieurs de ces imitations :

« Nox erat; et placidum carpebant fessa soporem
» Corpora per terras, silvæque et sæva quierant
» Æquora: cum medio volvuntur sidera lapsu,
» Cum tacet omnis ager, pecudes, pietæque volucres
» Quæque lacus late liquidos, quæque aspera dumis
» Rura tenent, somno positæ sub nocte silenti
» Lenibant curas et corda oblita laborum »,

Era la notte allor, ch'alto riposo
Han l'onde, e i venti, e parea muto il mondo.
Gli animai lassi, e quei, che 'l mare ondoso,
O dè liquidi laghi alberga il fondo,
E chi si giace in tana, o in mandra ascoso,
E i pinti augelli nell' obblio profondo
Sotto il silenzio dè secreti orrori
Sopian gli affanni, e raddolciano i cori.

Les étoiles brillaient sur le front de la nuit,
Un silence profond enchaînait la nature,

Et les vents et les flots suspendaient leur murmure.
Les habitans des mers, des lacs et des forêts,
Les timides oiseaux sous le feuillage épais,
Les monstres dévorans au fond des antres sombres,
Tous les êtres enfin, protégés par les ombres,
Dans les bras du sommeil, oubliaient tour-à-tour
Les peines, les plaisirs, et les travaux du jour.

O mihi præteritos referat si Jupiter annos
Qualis eram, cum primam aciem Præneste sub ipsâ
Stravi, scutorumque incendi victor acervos,
Et regem hâc Herilum dextra sub tartara misi.

Oh foss' io pur sul mio vigor degli anni
Qual sete or voi....
E quale allora fui, quando al cospetto
Di tutta la Germania, alla gran Corte
Del secondo Corrado, persi il petto
Al feroce Leopoldo e'l posi a morte.

Eh! que ne suis-je, hélas! à la fleur de mes ans!
Que n'ai-je ce beau feu, ces transports renaissans
Qui guidèrent jadis mon ardente jeunesse;
On verrait si Raimond sait tenir sa promesse.
Il me souvient encor de ce jour fortuné
Où mon bras, aux regards du Germain étonné,
Terrassa Léopold, et, par cette victoire,
Grava mon nom fameux au temple de mémoire.

Qualis populeâ mærens Philomela sub umbra
Amissos queritur fœtus, quos durus arator
Observans nido implumis detraxit: at illa

Flet noctem, ramoque sedens miserabile carmen
Integrat, et mæstis latè loca questibus implet.

Come usignuol, cui'l villan duro invole
Dal nido il figlj non pennuti ancora;
Che in miserabil canto, afflitte, et sole
Piange le notti, e n' empie i boschi, e l'ora.
Alfin.....

Ainsi, quand sur son char éclairant les forêts
Phébé montre aux mortels son front mélancolique,
Philomèle, cachée au sein d'un chêne antique,
Module en sons plaintifs ses douloureux ennuis;
Sa voix, interrompant le long calme des nuits,
Accuse l'oiseleur, dont la perfide adresse
Ravit les fruits naissans, gages de sa tendresse.

Il y a beaucoup d'autres imitations de Virgile dans la Jérusalem. Elles sont toutes heureuses, et heureusement placées; ce n'est pas, cependant, par besoin qu'il imite, c'est par goût, par choix, et jamais par nécessité. Il imite toujours en original, n'affaiblit jamais ce qu'il imite, et souvent l'embellit. D'ailleurs, il n'est pas moins admirable comme créateur, et son poëme étincelle de beautés qui n'appartiennent qu'à lui.

Eh! qui peignit avec de plus vives couleurs tout le délire d'un ardent amour? quel être sensible, si son sang coule libre dans ses veines, a refusé quelques larmes au désespoir* de Tancrède, pressant entre ses bras le corps glacé de sa Clorinde, dont il est involontairement le bourreau ? C'est surtout à ce sexe charmant, fait pour embellir le monde et pour l'épurer ; c'est aux femmes dont l'ame plus expansive s'ouvre à toutes les douces sensations, qu'il est donné de gémir sur le sort de cette belle Herminie, digne sans doute d'allumer dans le cœur de son amant les mêmes feux dont elle brûlait pour lui.

Toujours brillant, toujours ingénieux dans le choix des moyens, le Tasse varie à l'infini ses tableaux ; et, semblable à le Poussin, qui par un trait sublime place un tombeau dans les plaines fortunées de l'Arcadie, il fait passer subitement son lecteur d'une description élégante et voluptueuse aux horreurs du carnage et de la mort. Quelquefois par une réflexion gracieuse il adoucit la touche trop vigoureuse de ses pinceaux.

Tancrède et Clorinde se mesurent. Après un combat opiniâtre, la guerrière succombe. Trois fois Tancrède la saisit, l'enlace dans ses bras nerveux, mais trois fois elle

Echappe à ces liens formés par le courroux,
Et que le tendre amour eût pu rendre si doux.

Par ces transitions heureuses, le Poète distribue sagement les ombres et les lumières. Ainsi, le soleil dégagé des nuages qui l'enveloppent, dore leurs flancs obscurs d'une clarté plus vive, et ranime la nature effrayée par le bruit de la foudre et des vents.

Je dois maintenant donner une idée de la marche que j'ai suivie dans mon travail. Au milieu des beautés innombrables que j'avais à conserver, j'avais à faire disparaître des taches, des inégalités fréquentes, qui altèrent dans le Tasse l'or le plus précieux et le plus rare. S'il y a quelque mérite à traduire, ce doit être celui de perfectionner son modèle, et de naturaliser, en quelque sorte, cette plante étrangère.

On verra dans cette traduction avec quelle liberté j'ai retranché ce qui m'a paru défectueux, ou du moins ce qui pouvoit blesser la délicatesse française. J'ai préféré souvent le développement à la précision, certain que le Poète qui se bornerait à cet avantage alignerait tristement et sans mélodie, des vers décolorés. D'ailleurs, il faut saisir le génie des deux langues. Telle image que Virgile et le Tasse expriment d'un seul trait, exige dans la nôtre une plus grande étendue : et sans doute que, s'ils eussent écrit parmi nous, ils auraient mis dans leur style la teinte et le caractère d'une langue ingrate, et qu'il faut tourmenter sans cesse pour la rendre pure et facile. Je me suis donc efforcé de vaincre les difficultés sans nombre qu'elle m'opposait, et sur-tout de conserver cette fraîcheur, ce vernis de coquetterie, dont le Tasse nous fournit le modèle. Mais pour y réussir, je n'ai pris souvent que la substance de ses idées ; plus fidèle, j'eusse été peut-être moins heureux. C'est au lecteur qu'il appartient d'en décider.

Par une suite de cette liberté, je n'ai pas craint d'abandonner fréquemment mon original pour me livrer à ma propre sensibilité. C'est dans le dramatique sur-tout, et dans le genre descriptif que je me suis en quelque sorte isolé, que j'ai vù de mes yeux, et broyé moi-même les couleurs. La peinture des jardins d'Armide, grouppée dans le cadre étroit de deux strophes, m'a paru insuffisante. Ce morceau, si propre à féconder l'imagination, était susceptible d'un plus grand nombre de tableaux. Là, nécessairement, le style devait être nombreux, soutenu, riche dans toutes ses parties ; ce chant est le chef-d'œuvre du

Tasse, et celui qui m'a opposé le plus d'obstacles, précisément parce qu'il est le plus beau, et qu'il prête le plus à la haute poésie. Mais, dans mon infidélité même, je n'ai fait que fondre mes idées avec celles du génie, et donner plus de saillie à certains traits trop rapprochés.

Il est une innovation plus hardie, et que je ne puis autoriser par aucun exemple, celle d'enchâsser des romances dans un poëme épique, qui ne paraissait point susceptible de ce genre d'ornement. Je n'entreprendrai point de la justifier ; elle tient uniquement au tact poétique et à la façon individuelle de sentir. Cependant si l'on considère l'original, on verra que là même ces morceaux sont destinés à être mis en chant. La Syrène qui, dans l'isle, endort Renaud au bruit flatteur des eaux ; les jeunes Nymphes qui, dans la forêt enchantée, célèbrent son retour ; le Phénix qui, dans les jardins d'Armide, soupire les accens de la volupté, doivent s'exprimer d'une manière distincte, et qui fasse contraste avec la majesté épique. Cette excursion au-delà des lignes tracées par l'usage, plaira sans doute, si l'on se pénètre de mon motif. J'ai voulu, autant qu'il était en moi, jeter de la variété dans un ouvrage d'une aussi longue étendue, et reposer par des modes divers l'attention fatiguée. L'hymne du onzième chant, les discours d'Argant, de Soliman dans le dixième, m'ont paru également nécessaires pour aviver des chants naturellement arides.

C'est, sans doute, un très-grand mérite de traduire fidèlement; mais c'en est un plus grand de se dégager des entraves de son modèle, et de marcher moins sur ses traces que son égal. On doit penser à cet égard comme le citoyen Lebrun, dont les talens sont si justement célèbres, et qui donne dans ces vers ingénieux des conseils aux traducteurs serviles :

Gardez-vous bien du mot-à-mot,
Horace et le goût le renie :
Tout pédant traduit comme un sot;
C'est la grace, c'est l'harmonie,
Les images, la passion,
Non le mot, mais l'expression
Que doit rendre un libre génie.
Le plus fidèle traducteur
Est celui qui semble moins l'être :
Qui suit pas à pas son auteur
N'est qu'un valet qui suit son maître.

Voilà les principes qui m'ont dirigé. Henreux si ce travail, entrepris à cette époque de la vie où la pensée brûlante et toujours active s'élance dans la carrière sans en mesurer la longueur, peut faire passer dans l'ame de mes lecteurs le même sentiment de plaisir que j'éprouve en le leur offrant !

Le poète Kebir, dont l'Arabie bénit encore la mémoire, se promenait avec le jeune Oram, son élève, dans les vallons enchantés de l'Iëmen. Disciple lui-même du sage Abdelasis, Kebir avait puisé de bonne heure dans les leçons de ce grand homme, les principes de cette douce philosophie, qui embrasse la vertu par choix, et la pratique sans orgueil; sa morale, revêtue des forces de l'éloquence et des graces de la poésie, aurait amolli l'être le plus farouche. Il chérissait Oram comme son propre fils. Le jeune homme, avec une imagination ardente, une ame de feu, recueillait avidement ses discours, et la persuasion coulait dans son cœur. Égarés tous deux dans une plaine riante et fertile, ils admiraient les richesses variées que la nature prodigue à ces heureux climats. Alors les vents du soir frémissaient à travers le feuillage voluptueusement agité; une tendre mélodie s'élevait du sein des bosquets; des nuages d'un rouge éclatant se fondaient dans la nacre et l'opale de l'horizon enflammé, et les zéphyrs, balancés sur leurs aîles, dispersaient au loin les parfums de l'oranger; tandis que les roses fanées par la chaleur du jour, redressaient mollement leurs têtes purpurines. Oram jouissait de ces tableaux..... Son œil, perdu dans l'étendue, fixait les derniers rayons du soleil à demi voilés par les hautes collines de Morva. « Qu'il est grand », disait-il à « Kebir, qu'il est majestueux, l'astre qui nous » éclaire! Avec quel appareil son char brillant se montre et se dérobe à nos yeux! » O mon père! tu m'appris à connaître ses » bienfaits! viens, gravissons la colline; » que j'attache encore sur son disque un » regard de reconnaissance et d'amour ». Ils s'avancent à ces mots, et côtoient un ruisseau large, rapide, mais dont les bords sont émaillés de gazons et de fleurs. Dans son cours impétueux il embrasse une isle couverte de dattiers, qui s'alonge en pointe vers le rivage. Oram, charmé de la grosseur des fruits, peu intimidé par la distance qui l'en sépare, franchit le ruisseau. Impatient, comme on l'est au jeune âge, il cueille les dattes, et d'un nouvel élan retombe sur le bord, où l'attendait Kebir. Le bon vieillard avait frémi sur le danger d'Oram; mais déguisant son trouble, sans éclater en de tardifs reproches, il s'éloigne avec lui.

L'étoile Algenib avait douze fois brillé au haut des cieux, quand le hasard dirigea leurs pas du même côté; ils revoient l'isle et les arbres opulens qui la couronnent. « Voilà de » beaux fruits », dit Kebir.... « Ils sont beaux » en effet », répond en soupirant le jeune homme, « mais on ne peut les cueillir sans » danger ». — « Je t'ai vu cependant surmonter ces obstacles qui t'effraient aujourd'hui ». — « Il est vrai. Le destin a pu » me sourire une fois; mais je pâlis encore » en songeant à mon heureuse audace ». — « Mon fils, que l'ange de la prospérité t'accompagne et veille sur tes jours. A ton » âge, la témérité peut tenir lieu de vigueur; » mais quand la raison descendra dans ton » ame, tu consulteras tes forces avant de les » éprouver.

LA

JÉRUSALEM DÉLIVRÉE.

CHANT PREMIER.

SOMMAIRE

DU CHANT PREMIER.

Gabriel porte à Godefroi les ordres du Très-Haut. Ce héros est élu chef de l'armée. Son discours. Dénombrement de ses troupes. Aladin, tyran de Solime, instruit de leur approche, fait fortifier la ville, et s'apprête à les repousser.

LA JÉRUSALEM DÉLIVRÉE.

CHANT PREMIER.

Je chante les combats et ce chef magnanime,
Qui d'un joug odieux sut affranchir Solime;
Qui, de la piété ranimant le flambeau,
Du Fils de l'Éternel délivra le tombeau.
En vain les habitans du ténébreux rivage
Contre ses bataillons déployèrent leur rage;
En vain, pour s'opposer à ses vastes projets,
Et l'Asie et l'Afrique armèrent leurs sujets:
Sous les saints étendards, la puissance immortelle
Réunit ses guerriers et seconda leur zèle.

O muse, dont le front n'est point ceint des lauriers
Qui du sommet du Pinde ombragent les sentiers;
Mais qui, dans l'empirée, au sein de l'harmonie,
D'une couronne d'or brilles enorgueillie:

Muse, embellis mes chants; d'une divine ardeur
Allume ma pensée et pénètre mon cœur.
De tes chastes attraits, si, négligeant l'usage,
Si de la fiction empruntant le langage,
J'ornais de quelques fleurs l'austère vérité;
Fille du ciel, pardonne à ma témérité.

Tu le sais, du Parnasse adoptant les vains songes,
L'homme court s'enivrer de ses rians mensonges;
D'un vers facile et pur il aime les douceurs,
Et marche avec plaisir sur les pas des neuf Sœurs.
Ainsi l'enfant malade écarte avec colère
Le vase qui recèle une boisson amère;
Ses bords sont-ils empreints d'une douce liqueur,
Il boit, et doit la vie à cette heureuse erreur.

Et toi, mon seul appui, mon asyle et mon guide,
Alphonse, si jadis sur la plaine liquide
Tu sauvas des écueils et des flots inconstans
Mon frêle esquif battu par les fougueux Autans;
Daigne accueillir ces vers, et souris à l'hommage
Que je te consacrais aux portes du naufrage.
Peut-être quelque jour mon vol audacieux
Ira sur tes destins interroger les dieux;
Et ma muse fidelle, en célébrant ta gloire,
Des hauts faits de Bouillon répétera l'histoire.

OUI, j'en conçois l'espoir; et s'il faut que jamais
Les chrétiens, réunis par les nœuds de la paix,
D'armes et de vaisseaux chargent l'onde écumante;
S'il faut que, déployant une force imposante,
Ils arrachent encore au Thrace belliqueux
L'empire florissant qu'il a conquis sur eux;
Alors tu choisiras, si ton bras les seconde,
Ou du trident des mers, ou du sceptre du monde.
Emule de Bouillon, préside à mes accords,
Suis-moi dans les combats, et soutiens mes efforts.

DÉJA le char du dieu qui verse la lumière
Avait fourni cinq fois son oblique carrière,
Depuis que des chrétiens les nombreux bataillons
Avaient dans l'Orient planté leurs pavillons.
Sous leurs bras aguerris, Antioche et Nicée
Voyaient fuir la splendeur de leur gloire éclipsée,
Et, maîtres de Tortose, ils attendaient le jour
Qui devait du printemps amener le retour.

DÉJA les noirs hivers précipitant leur course,
Reportaient les frimats chez les peuples de l'Ourse;
Les bois se décoraient d'un feuillage naissant,
Quand l'Eternel, du haut de ce trône éclatant,
Qui s'élève encor plus sur la voûte immortelle
Que l'empire infernal ne s'abaisse sous elle;

L'Eternel, pénétrant l'immensité des airs,
D'un seul de ses regards embrassa l'univers.
Sur les Princes chrétiens il arrête sa vue,
Et, de cet œil perçant dont la force inconnue
Des plus secrets détours sonde les profondeurs,
Dévoile l'avenir et l'abîme des cœurs;
Il voit le fier Bouillon aux plaines de Syrie
Tourmenté du desir de délivrer l'Asie :
Les sceptres, les trésors, tout est vil à ses yeux.

BAUDOUIN, occupé de soins ambitieux,
Brûle pour ces grandeurs et ces vaines richesses
Qui de l'homme ici-bas attestent les faiblesses.
Tancrède, poursuivi par un fatal amour,
Au milieu des combats cherche à perdre le jour.
Boémond, se livrant au zèle qui l'inspire,
Jette les fondemens de son nouvel empire;
D'Antioche conquise il rétablit les droits,
Et donne à ses sujets des vertus et des lois.
Eloigné des hasards et ceint du diadême,
Dans ses vastes desseins il s'égare lui-même.

L'IMPÉTUEUX Renaud, plein d'une noble ardeur,
S'indigne du repos où languit sa valeur.
Guelfe de ses aïeux lui raconte l'histoire.
Son jeune cœur s'allume au récit de leur gloire;

Jaloux de leurs vertus, avide des lauriers
Que dans les champs de Mars moissonnent les guerriers,
L'or et les dignités ne flattent point son ame:
Il appelle la guerre, et l'honneur seul l'enflamme.

Après avoir sondé les projets des héros
Dont l'Idumée au loin voit flotter les drapeaux,
Dieu choisit dans les rangs de sa troupe immortelle,
De ses sages décrets l'interprète fidelle,
Gabriel, le second des esprits bienheureux;
Gabriel qui, toujours messager gracieux,
Vient consoler le juste exilé sur la terre,
Et reporte ses vœux au maître du tonnerre.

« Va trouver Godefroi, réveille sa ferveur,
» Et dis-lui de ma part: Pourquoi cette lenteur?
» Pourquoi Jérusalem implore-t-elle encore
» La main qui doit briser la chaîne qu'elle abhore?
» Qu'il prépare les chefs à de nouveaux combats;
» Je le charge du soin de diriger leurs pas.
» Dociles à ma voix, ils vont bientôt eux-mêmes
» Obéir sans murmure à ses ordres suprêmes ».

Il se tait à ces mots; et Gabriel soumis
Se dispose à quitter les célestes parvis.
Déguisant à son gré sa substance invisible,
Il emprunte d'un corps la figure sensible.

Des rayons éclatans ornent ses blonds cheveux;
La majesté se peint sur son front lumineux;
Son visage étincelle, et ses ailes dorées
Fendent comme l'éclair les plaines azurées.

L'ANGE précipité dans le vague des airs,
Voit s'enfuir sous ses pieds les terres et les mers,
Et près des bords fleuris que le Jourdain arrose,
Il arrête son vol sous les murs de Tortose.

A peine les coursiers du plus jeune des dieux
Du sein des flots amers s'élançaient dans les cieux,
Et déjà Godefroi devançant la lumière,
Offrait à l'Eternel sa timide prière.
Humblement prosterné, ses vœux et ses regards
Se fixaient tour à tour sur les sacrés remparts,
Quand auprès du soleil, mais plus brillant encore,
L'ange s'offre à ses yeux du côté de l'aurore.

« GODEFROI, lui dit-il, pourquoi ce long repos?
» Le printemps aux combats rappelle les héros;
» Il ouvre un champ plus libre à leur vertu guerrière:
» Solime cependant reste encor prisonnière.
» Tes braves compagnons n'attendent qu'un signal,
» Toi seul peux le donner.... Deviens leur général.
» Assemble tous les chefs: tu les verras d'eux-mêmes
» Obéir sans murmure à tes ordres suprêmes.

» Messager du Très-Haut j'exécute ses loix,
» C'est sa divinité qui parle par ma voix.
» Quel triomphe flatteur, quelle douce espérance
» Doit nourrir ton courage et ton impatience » !

En achevant ces mots, au sommet de l'Ether
L'ange fuit et revole aussi prompt que l'éclair.
Frappé de la splendeur du céleste émissaire,
L'œil du héros se perd dans des flots de lumière.
Immobile, muet, craignant d'être déçu,
Il repasse en son cœur l'ordre qu'il a reçu;
Il a repris ses sens; et, chef de l'entreprise,
Il voit Jérusalem à ses armes soumise.
Ce n'est point qu'enivré de ce choix glorieux,
L'éclat d'un titre vain éblouisse ses yeux;
Mais il veut, par son zèle et son obéissance,
Mériter les faveurs de la toute-puissance.

Il convoque à l'instant les principaux guerriers.
Déjà de toutes parts de rapides coursiers
Font lever sous leurs pieds une épaisse poussière :
Toujours à ses conseils il unit la prière :
Ce qui peut d'un héros exciter la lenteur,
Entretenir l'audace ou réveiller l'ardeur,
Il l'emploie. Il séduit, il émeut, il entraîne.
Enfin, à ses projets tout cède et tout s'enchaîne.

On voit bientôt voler les chefs et les soldats.
Boémond reste seul au sein de ses états.
Plusieurs sont renfermés dans les murs de Tortose;
Le reste est dans la plaine, où leur camp se dispose.
L'heureux moment arrive. Un conseil solemnel
Réunit les vengeurs du Fils de l'Eternel.
Assis au milieu d'eux, par sa noble éloquence,
Bouillon dans tous les cœurs fait passer l'espérance.

« Soldats du Dieu vivant, intrépides mortels,
» Choisis pour relever son culte et ses autels;
» Guerriers, qu'il a conduits à travers les orages,
» Pour rétablir ses lois et laver ses outrages;
» Vous que guida son bras, vous qu'arma son pouvoir,
» Vous enfin sur lesquels il fonde son espoir,
» Ce n'est point pour jouir d'un fantôme de gloire,
» Pour graver nos exploits au temple de mémoire,
» Que nous avons quitté les fruits de notre amour
» Et les heureux climats où nous vîmes le jour :
» Ce n'est point pour détruire une secte inhumaine,
» Que, bravant les périls d'une guerre lointaine,
» Nous avons affronté l'inconstance des mers
» Et porté nos drapeaux au bout de l'univers.
» Ces succès passagers, ces obscures défaites,
» Sont-elles, compagnons, le but de nos conquêtes?

» Et ce peuple infidèle à nos pieds terrassé,
» Est-il le prix du sang que nous avons versé?

» Arborer nos drapeaux sur les murs de Solime,
» Arracher des chrétiens au joug qui les opprime,
» Fonder dans l'Idumée un empire nouveau,
» D'un Dieu mort sur la croix racheter le tombeau,
» A l'humble piété donner un sûr asyle,
» Ouvrir aux vœux du monde un accès plus facile;
» Tels furent les motifs qui guidèrent nos pas,
» Et nous firent voler au milieu des combats.

» Des rives du couchant à celles de l'aurore
» Nous avons triomphé : mais il faut plus encore.
» Eh! que nous sert, amis, dans nos vastes projets,
» De compter les Persans au rang de nos sujets,
» De voir des fils d'Omar la horde dispersée,
» De dispenser des lois à Tortose, à Nicée?
» Tant d'états subjugués, tant de peuples soumis,
» Ne sont point les succès qui nous furent promis.

» Vainement, sur ces bords que le crime environne,
» Un mortel orgueilleux voudrait asseoir son trône,
» Entouré d'ennemis, objet de leur courroux,
» A la merci des Grecs perfides et jaloux,
» Sans soutien et privé d'une main protectrice,
» Il verrait s'écrouler son fragile édifice,

» Et bientôt, accablé d'un onéreux fardeau,
» Lui-même sous ses pas creuserait son tombeau.

» Jérusalem attend qu'une main secourable
» Aille briser les fers dont un tyran l'accable.
» Nos frères... des chrétiens... dans cet affreux séjour,
» De honte et d'amertume abreuvés chaque jour,
» Par leurs vœux empressés hâtent l'instant propice
» Qui doit remplir du ciel l'immuable justice.
» Et nous sommes oisifs.... et des cœurs généreux
» Ne se réveillent point à leurs cris douloureux !
» Ah ! plutôt livrons-nous au feu qui nous anime :
» Quand le ciel a parlé, le retard est un crime.
» Le destin qui se plut à nous favoriser,
» A de plus grands périls pourrait nous exposer :
» Hâtons-nous, profitons d'un moment favorable;
» C'est languir trop long-temps dans un repos coupable.
» Garant de la victoire et vainqueur des frimats,
» Le printemps nous invite à de nouveaux combats.
» Déjà tout a donné le signal de la guerre.

» Oui, Princes, j'en atteste et le ciel et la terre;
» Le triomphe est certain. Gardez-vous d'en douter.
» Le faible Sarrazin ne peut nous résister.
» Mais, si nous balançons, une armée ennemie
» Viendra se joindre à lui du fond de la Lybie.

» Qui nous arrête encor? Les chemins sont ouverts.
» De la sainte Cité faisons tomber les fers;
» Sûr de votre valeur, tout mon cœur se rassure ».

Il dit. A son discours succède un doux murmure.
Pierre se lève alors..... Pierre, dont la vertu
Releva de la foi l'étendard abattu.
Inspiré par le ciel, le pieux solitaire
S'asséyait aux conseils, y versait la lumière.
« Je ne puis que louer le zèle de Bouillon.
» Il déplore avec vous les malheurs de Sion;
» Il veut les terminer. Mais souffrez que ma bouche
» Ajoute à ses projets un seul mot qui vous touche.

» Jusqu'a ce jour, hélas! trop long-temps divisés,
» Le monde vous a vus l'un à l'autre opposés.
» Terminez ces débats. Que, ceint du diadême,
» Un seul ait parmi vous l'autorité suprême.
» Que le sceptre des rois soit remis dans ses mains;
» Qu'il ne rende qu'à lui compte de ses desseins.
» Egaux par vos vertus et par votre naissance,
» Qu'un bon choix dans vos camps fixe l'intelligence.
» Réunis désormais sous le même pouvoir,
» Le ciel se hâtera de servir votre espoir ».

O Dieu! de ces guerriers pénétrant les pensées,
Ton souffle réchauffa leurs ames empressées;

Tu sondas de leurs cœurs les tortueux replis,
Et ta main du vieillard y grava les avis.
Tous approuvent les vœux du sage solitaire;
Tous déposent l'orgueil aux mortels ordinaire.
Guillaume et Guelfe même, au mépris de leurs droits,
Les premiers à Bouillon viennent donner leurs voix.

CEPENDANT les soldats et les chefs applaudissent.
« Que sur nous du Très-Haut les ordres s'accomplissent,
» Disent-ils. Que Bouillon nous impose des lois;
» Que la guerre ou la paix émanent de son choix.
» Qu'il conduise nos pas, et qu'un profond silence
» Soit le gage certain de notre obéissance ».

DIGNE du rang illustre où le ciel l'a placé,
Godefroi se présente au soldat empressé.
Un éclat immortel brille sur son visage;
De la foule joyeuse il accepte l'hommage;
Il sourit à son zèle, il répond à ses vœux,
Et la douce espérance éclate dans ses yeux.
« Demain, dignes amis, que l'altière Idumée
» Pâlisse au seul aspect de notre sainte armée ».

A peine, sur son char, l'amante d'Orion
D'une teinte de pourpre enflammait l'horizon,
Quand des braves chrétiens les phalanges guerrières
Vinrent se réunir autour de leurs bannières.

O toi dont le pouvoir toujours victorieux
A la postérité transmet les noms fameux,
Qui des états divers nous appris la ruine,
Viens, accours m'inspirer, céleste Mnémosine!
Redis-moi les hauts faits et les noms des héros,
Qui du grand Godefroi partageaient les travaux.
Que leurs exploits perdus dans l'abyme des âges
Percent des temps jaloux les ténébreux nuages;
Que mes nobles accens remplissent l'univers,
Et que leurs noms fameux revivent dans mes vers.

Les soldats qui d'abord parurent dans la plaine
Avaient reçu le jour aux rives de la Seine.
Clotaire les guidait : de nobles fleurs-de-lys
Leurs drapeaux dans les airs s'élevaient embellis.
Après eux s'avançait une troupe aguerrie,
Née aux champs belliqueux de l'humide Neustrie.
Robert en est le chef. Deux sanglans léopards
Relèvent la beauté de ses fiers étendards.
Guillaume et Mont-Ferrant, ministres de l'Eglise,
Eclairaient des mortels la foi pure et soumise :
Aujourd'hui sur leur tête un casque radieux
Succède à la thiare et presse leurs cheveux.
L'un fut pasteur du Puy, l'autre le fût d'Orange.

Baudouin sur leurs pas amène sa phalange.

Quatre cents Boulonnais reconnaissent sa voix.
Du fier Bouillon jadis ils recevaient des lois;
Mais élu souverain, son frère les commande.
Sauvages habitans des forêts de l'Irlande,
Des peuples plus voisins du pôle glacial,
S'avancent à leur tour et marchent sous Fingal.

PLUS loin on voit flotter la puissante bannière,
Où brillent la thiare et les clefs de saint-Pierre.
Camille a rassemblé sept mille combattans,
Des vainqueurs de la terre illustres descendans.
Digne du noble sang qui coule dans ses veines,
Camille guide encor les légions romaines.

GUELFE vient sur ses pas; héros, dont la valeur
De sa grande origine égale la splendeur.
Son empire s'étend depuis la Carinthie
Jusqu'aux sommets glacés de l'antique Rhétie;
Et des princes du Nord l'invincible fierté
Eclate sur son front par les ans respecté.
Cinq mille combattans, d'une ardeur peu commune,
Sur ses rapides pas enchaînent la fortune.

DERRIÈRE lui marchaient le féroce Germain,
Les peuples de l'Oder, de la Meuse et du Rhin;
Et ceux dont la contrée en trésors si féconde,
Fait voler ses vaisseaux de l'un à l'autre monde;

Et les nombreux soldats du pays florissant,
A qui le Dieu des mers confia son trident.
Un héros vient après. Au chagrin qui l'obsède,
A ses fréquens soupirs on reconnaît Tancrède;
Tancrède, le plus beau de tous ces chevaliers,
Tancrède, après Renaud, le plus grand des guerriers;
Mais un funeste amour répandait sur sa vie
Les poisons dévorans de la mélancolie;
Et ce présent des dieux, ce doux consolateur,
L'espoir ne flattait point les peines de son cœur.
On dit que dans ce jour, d'immortelle mémoire,
Où les Persans déchus de leur première gloire,
Cédèrent aux Chrétiens la palme des combats,
Tancrède dédaignant de poursuivre leurs pas,
Seul, et rassasié des horreurs du carnage,
Fut goûter le repos dans un sombre bocage.

Il entre. Une fontaine y vient frapper ses yeux.
Brûlé par la chaleur, et le front tout poudreux,
Sous ses abris, semés de fleurs et de verdure,
Le héros se dispose à quitter son armure;
Son œil avec plaisir erre sur ces canaux,
Sur ces arbres courbés en flexibles berceaux.
Soudain s'offre à sa vue une jeune guerrière.
Nonchalamment assise aux bords d'une onde claire,
Tranquille, et loin des traits du dieu brûlant du jour,
Sa bouche respirait l'air pur de ce séjour:

Son casque étincelant reposait auprès d'elle.
Tancrède l'apperçoit.... Il soupire et chancelle;
Il contemple ces traits par l'amour dessinés,
L'or de ses blonds cheveux aux vents abandonnés;
Déjà son cœur palpite : une flamme soudaine,
Dans ses sens embrasés coule de veine en veine....
O prodige! un coup-d'œil égare sa raison,
Et d'un fatal amour il boit tout le poison.

L'AMAZONE le voit, et recouvre sa tête
Du casque que décore une flottante aigrette.
Elle s'arme : la rage éclate dans ses yeux.
Cependant les Chrétiens arrivent en ces lieux;
Ils arrêtent son bras, ils entourent Tancrède;
Enfin, quoiqu'à regret l'amazone leur cède :
Elle part, et bientôt son rapide coursier
L'emporte et la dérobe aux regards du guerrier.
Mais Tancrède vaincu conserve son image,
Chaque jour dans son sein la grave davantage;
Il retrouve par-tout ces yeux, ces traits charmans,
Du feu qui le consume éternels alimens.

LE cœur gros de soupirs et la tête baissée,
Il s'avance, absorbé dans sa triste pensée.
Deux mille cavaliers marchent sous ses drapeaux;
Ils ont abandonné leurs fertiles côteaux,

Leurs vallons enchantés, la riche Campanie,
Et les sombres forêts de l'antique Etrurie;
Doux climat, où le ciel toujours pur et serein,
Embellit la nature et féconde son sein !

Plus loin s'avance en ordre une troupe choisie;
Elle est du sang fameux des vainqueurs de l'Asie.
La Grèce la vit naître. Un fer dur et pesant
Ne couvre point leur corps d'un rempart frémissant.
L'or et l'acier poli ne font point leur parure :
Des sabres et des dards composent leur armure,
Et de fougueux coursiers, agiles, pleins d'ardeur,
Dans le choc des combats partagent leur fureur.
Tatin est à leur tête.... O honte ! ô barbarie !
D'un peuple généreux l'ame s'est donc flétrie !
Deux cens Grecs seulement ont suivi ses drapeaux,
Et le reste, énervé par un lâche repos,
Tranquille spectateur de ces fameuses guerres
Dont le bruit retentit aux pieds de ses frontières,
Attend dans l'indolence et dans l'oisiveté,
L'esclavage odieux, prix de sa lâcheté.
Grèce ! ne rougit point de ta honteuse chaîne :
Cesse de rappeler ces jours où tu fus reine :
Quand le joug des tyrans s'imprime sur ton front,
De leurs indignes fers tu mérite l'affront.

Aux derniers rangs paraît une nombreuse élite:

Le courage et l'honneur se fixent à sa suite.
Les foudres de Bellone en dépôt dans ses mains,
Ecrasent à son gré les vulgaires humains.
Des ordres de Bouillon ministres tutélaires,
Ils sont ses compagnons, et non ses tributaires.
Crète, ne vante plus tes fabuleux Minos,
Chevaliers indomptés, chimériques héros,
Qu'Artus institua pour le bonheur du monde;
Vous tous, braves soutiens de cette table ronde,
Dont on a célébré les immortels exploits,
Fuyez à leur aspect, et cédez-leur vos droits.
Dudon guide leurs pas; dans sa verte vieillesse,
Dudon conserve encor le feu de la jeunesse;
Instruit dès son enfance au métier des combats,
L'âge n'a point glacé son redoutable bras;
Si son rang n'eût été que le prix du courage,
Tous auraient mérité ce pénible avantage.
Mais sa prudence acquise au milieu des hazards,
Seule sur l'avenir peut porter des regards.

Illustre par lui-même, et par Bouillon son frère,
Eustache, le premier, marche sous sa bannière,
On voit à ses côtés, Evrard, Roger, Genton,
Palamède, Gérard, Garnier, Raimbaud, Gaston,
Ubalde, Rosemond, Orman de Bernaville,
Rodolphe, les deux Gui, Sforce, Enguerrand, Achille,

Le superbe Gernand, dont les braves aïeux
Courbèrent tout le Nord sous leur sceptre orgueilleux.
Et vous, jeunes guerriers, à qui la Lombardie
Doit se glorifier d'avoir donné la vie,
Que j'arrache vos noms à l'urne de l'oubli,
Et que de vos exploits mon vers soit embelli.

Célébrerai-je encor les vertus de Brimanc,
Et celles d'Obison, honneur de la Toscane?
Parlerai-je d'Othon?.... Mais où m'entraînez-vous,
Odoard et Gildippe? Amis, amans, époux,
L'un à l'autre enchaînés, vos jours n'ont qu'une trame;
Brûlant du même zèle et de la même flamme,
Le flambeau de l'amour éclaire vos exploits.
Eh! que n'apprend-on point sous ses heureuses loix?
D'une femme timide il fait une amazone;
A son charme vainqueur Gildippe s'abandonne.
Tous deux n'ont qu'un desir, celui de s'adorer,
Et la faulx de la mort ne peut les séparer.
Mais Renaud, un enfant, se montre et les efface;
Si jeune, il sait unir la prudence et l'audace.
Son visage, où se peint une douce fierté,
Attire tous les yeux charmés de sa beauté;
Et le front couronné des roses du bel âge,
Déjà de l'univers il mérite l'hommage.
Que de fleurs, que de fruits il promet quelque jour!
Armé, c'est le dieu Mars; désarmé, c'est l'Amour.

De l'illustre Bertold, de la belle Sophie,
Sur les bords de l'Adige il a reçu la vie.
Au sortir du berceau, par Matilde adopté,
Son cœur dans ses leçons a puisé sa fierté.
Dans l'art des souverains élevé dès l'enfance,
Il coula sous ses yeux les jours de l'innocence.
Cependant, fatigué des douceurs du repos,
Seul il franchit la Grèce, il traverse les flots.
Soudain un bruit guerrier vient frapper son oreille:
A ces sons belliqueux son courage s'éveille;
Par des chemins divers précipitant ses pas,
Il se joint aux Chrétiens et leur offre son bras.
Puisse un de ses neveux héritier de sa gloire,
Par une même fuite ennoblir sa mémoire!
A peine compte-t-il trois lustres et trois ans,
Que déjà son aspect fait pâlir les tyrans.
Rassemblés par Raymond au fond des Pyrénées,
Cinq mille fantassins ont jetté leurs coignées,
La charrue et le soc aux pieds des rocs neigeux,
Pour voler sous leur chef aux combats orageux.

Alcaste amène ailleurs une troupe aguerrie;
Elle sort des glaçons de la fière Helvétie,
Séjour que les tyrans ont encor respecté;
Sanctuaire des loix et de la liberté:
Ce fer qu'ils consacraient à cultiver la terre,
Devient entre leurs mains un instrument de guerre.

Sous Etienne d'Amboise huit mille combattans,
Dont la Loire en son cours fertilise les champs,
S'avancent, revêtus d'une pompeuse armure.
Cultivateurs d'un sol chéri de la nature,
Ils quittent à regret des climats fortunés,
Et traînent à pas lents leurs corps efféminés :
Les accens du clairon réveillent leur audace,
Mais bientôt cette ardeur s'affaiblit et se glace.

Godefroi satisfait, s'adressant aux guerriers :
« Préparez-vous, dit-il, à cueillir des lauriers.
» Les temps sont arrivés..... Solime nous implore.
» Demain, aux premiers traits de la naissante aurore,
» Que l'ennemi surpris dans ses retranchemens,
» Par sa juste défaite acquitte nos sermens.
» Allez, dignes amis, volez à la victoire :
» Le triomphe s'apprête, et mon cœur ose y croire.
» Bientôt par vos succès étonnant l'univers,
» De la sainte Cité vous briserez les fers ».

Il dit... A ce discours tout s'émeut, tout s'enflamme.
Cependant le héros cache au fond de son ame
Le pénible secret dont il est tourmenté.
Il sait que de Memphis le monarque irrité,
Rassemble dans Gaza sa cohorte aguerrie ;
Qu'il menace d'entrer aux plaines de Syrie :

Et trop sûr de trouver dans ce prince puissant
Le plus ferme soutien du superbe Croissant,
Il fait venir Henri, son messager fidèle :
« Pars à l'instant, dit-il, je me fie à ton zèle :
» Passe en Grèce... On m'apprend qu'un rejeton des rois
» Amène à mon secours ses belliqueux Danois.
» Ils ont quitté déjà leurs sauvages contrées,
» Et les âpres climats des mers Hyperborées.
» Peut-être que le Grec, ennemi des combats,
» Dans ses piéges divers arrêtera leurs pas.
» Toi, de mes volontés digne dépositaire,
» Fixe dans son parti ce prince tutélaire :
» Qu'il vienne.... un court délai flétrirait sa valeur.
» Le commun intérêt, sa promesse, l'honneur,
» Tout l'exige.... Pour toi, dans les murs de Bysance,
» Réclame les secours dus à notre alliance ».
Il se tait, Henri part. Bouillon, moins agité,
S'abandonne à l'espoir dont son cœur est flatté.

L'AURORE au front de pourpre, à l'écharpe dorée,
Ouvrait au dieu du jour la barrière azurée :
Soudain le camp s'ébranle, et le bruit du clairon
Dissipe le sommeil des vengeurs de Sion.
Le tonnerre est moins doux à la terre brûlante,
Alors qu'il lui promet une pluie abondante,
Que ne l'est aux Chrétiens avides de combats
La trompette guerrière et ses bruyans éclats.

Ils accourent remplis d'espérance et de joie;
Au milieu de leurs rangs l'enseigne se déploie.
L'atmosphère est en feu. Sur la cime des airs,
Le soleil de l'acier fait jaillir les éclairs.
De cris tumultueux les échos retentissent,
La trompette résonne et les coursiers hennissent.
Déjà tout est prévu. De nombreux cavaliers
De ces nouveaux climats parcourent les sentiers;
On comble les fossés; les routes applanies
Ouvrent un sûr passage aux troupes réunies:
Il n'est point de torrens, de digues, de remparts,
Qui puissent arrêter ces fiers enfans de Mars.
Tel l'Eridan fougueux, quand son onde irritée
Vomit sur le rivage une écume argentée,
Détruit du laboureur les utiles travaux,
Et porte la terreur jusqu'au sein des hameaux.

Le roi de Tripoli, nourri dans les alarmes,
Pouvoit leur opposer des trésors et des armes:
Mais n'osant de Bouillon combattre les projets,
Il offre des présens et demande la paix.
Bien plus, à son pouvoir forcé de se soumettre,
Dans ses propres états il le reçoit en maître.

Du sommet du Séir, de ce mont sourcilleux
Qui domine Solime et menace les cieux,

Le fidèle, lassé du joug de l'esclavage,
A ses libérateurs présente son hommage.
Il descend dans la plaine. Hommes, femmes, enfans,
Tous apportent des dons aux Chrétiens triomphans.
Des larmes de plaisir roulent sous leur paupière;
Chacun dans le soldat croit embrasser un frère.
Guides prudens et sûrs, ils dirigent leurs pas
A travers les détours de ces vastes états.

CEPENDANT Godefroi sait qu'une flotte amie
Doit bientôt côtoyer les rives de l'Asie;
Par elle l'abondance et d'utiles secours
De ses hardis projets vont assurer le cours.
Les villes de la Grèce, et ses plaines riantes,
Réservent pour lui seul leurs moissons jaunissantes;
C'est pour lui que Lesbos voit mûrir ses raisins:
Tout concourt, tout s'empresse à servir ses desseins.
Sous le poids des vaisseaux la mer blanchit d'écume;
L'infidèle en efforts vainement se consume;
Vainement ses esquifs couvrent les flots amers,
Il ne trouve par-tout que la mort ou des fers.
Mais la France, Albion, Venise, la Sicile,
De nombreux pavillons chargent l'onde docile;
Tous les cœurs entraînés par le même pouvoir
Partagent de Bouillon et l'audace et l'espoir.

DÉJA de tous côtés la prompte Renommée

Annonce aux Sarrasins l'approche de l'armée;
Elle nomme les chefs, retrace leurs exploits,
Compte tous les soldats; et ses dix milles voix
Portent au fond des cœurs le doute et l'épouvante:
Dans son rapide cours le bruit vole, s'augmente;
Un murmure confus circule dans les champs,
Et glace de terreur leurs faibles habitans.

Le tyran, à l'aspect du danger qui s'apprête,
Roule mille projets dans son ame inquiète.
Sur un trône usurpé nouvellement assis,
Il y vit entouré de crainte et de soucis.
Aladin est son nom. Au bout de sa carrière,
L'âge avait amolli son cruel caractère.
Dans les murs de Sion, deux peuples divisés,
Suivent en même temps deux cultes opposés.
L'un connaît du vrai Dieu la loi sainte et chérie;
L'autre de Mahomet est sectateur impie.
Quand Aladin conquit cette vaste cité,
Il courba le Chrétien sous son joug détesté;
Et s'armant contre lui d'un pouvoir arbitraire,
Il accrut ses tourmens et combla sa misère.

Mais trop sûr aujourd'hui de son juste courroux,
Par de nouveaux forfaits il en prévient les coups.
Son cœur, depuis long-temps glacé par la vieillesse,
Recouvre par degrés sa première rudesse;

Jamais de plus de sang il ne fut altéré.
Tel, quand le doux printemps de roses entouré,
Redonne aux verts bosquets leur grace et leur parure,
Le serpent engourdi dans sa retraite obscure,
Se réveille, renaît au feu de ses rayons,
Darde sa triple langue et vomit ses poisons.

« Je vois, dit le tyran, dans ce peuple infidèle,
» Les signes trop certains d'une gaîté cruelle;
» Il sourit à nos pleurs, se repaît de nos maux,
» Et dans l'obscurité trame de sourds complots.
» Ami de ces brigands, opprobre de l'Asie,
» Peut-être en ce moment menace-t-il ma vie;
» Peut-être forme-t-il le coupable dessein
» De trahir mes sujets en faveur du Latin.
» Mais je puis étouffer sa frivole espérance;
» Par son juste supplice affermir ma puissance.
» J'en jure : de son sang je répandrai des flots....
» C'est l'unique moyen d'assurer mon repos.
» Sous ses toits embrasés, d'une main meurtrière
» J'égorgerai l'enfant dans le sein de la mère;
» Sur les débris fumans de leurs autels brisés,
» Je ferai des monceaux de leurs corps entassés;
» Dans le temple fatal, asyle de ces traîtres,
» J'irai porter la flamme, exterminer leurs prêtres,
» Anéantir la tombe où leurs stupides vœux,
» Fatiguent ma clémence, et blasphêment mes dieux ».

Il dit. Mais cependant une sombre pensée
Modère les accès de sa rage insensée :
Il tremble de fermer tout espoir aux traités,
Et d'aigrir sans retour les Chrétiens irrités.
Au sein de la campagne il étend ses ravages ;
Il trouble le Jourdain, désole ses rivages,
Mêle d'impurs venins au crystal des ruisseaux ;
Des remparts de Solime élève les créneaux,
Arbore sur les murs ses drapeaux redoutables,
Et rassemble à grands frais des troupes innombrables.

FIN DU CHANT PREMIER.

LA
JÉRUSALEM DÉLIVRÉE.
CHANT SECOND.

SOMMAIRE

DU CHANT SECOND.

L'ENCHANTEUR Ismen se présente au tyran, et concerte avec lui la perte des Chrétiens. Episode d'Olinde et de Sophronie. Ces deux amans sont prêts à périr dans les flammes, quand Clorinde arrive et fléchit le courroux d'Aladin, qui leur accorde la vie. Discours d'Alète, ambassadeur du roi d'Egypte, à Godefroi. Réponse de ce héros.

CHANT SECOND.

TANDIS que le tyran se prépare aux combats,
Ismen vient lui prêter le secours de son bras;
Ismen, dont le pouvoir et les accens profanes,
Dans la nuit des tombeaux font tressaillir les mânes,
Rendent le sentiment et la clarté du jour
A ceux qui de la mort habitent le séjour :
Ismen, dont les enfers respectent la puissance,
Ismen, qui fait servir au gré de sa vengeance
Ces anges foudroyés dont il brise les fers,
Pour troubler à sa voix l'ordre de l'univers.

DE l'Éternel jadis il suivit la doctrine.
Aujourd'hui, sectateur du brigand de Médine,
Le barbare confond et profane à la fois
Le culte véritable et celui de ses rois.
Une grotte profonde et du jour ignorée,
Couvre ses noirs secrets d'une ombre révérée :
Mais d'un roi criminel plus criminel appui,
Dans le danger commun il se présente à lui.

« MONARQUE généreux, un vainqueur téméraire
» Lève sur tes sujets une main sanguinaire :

» Faisons notre devoir. Le ciel, le monde entier,
» Aux efforts de mon art sont contraints de plier.
» Ce qu'on peut espérer d'un guerrier magnanime,
» D'un grand roi, tu l'as fait.... Ta fureur légitime,
» Que guide cependant une saine raison,
» A prévu des périls la cruelle saison :
» Si tes nombreux soldats secondent ton courage,
» Sans te flatter ici d'un frivole présage,
» Aux pieds de nos remparts nos ennemis frappés,
» Connaîtront à quel point leur dieu les a trompés :
» Moi, je viens assurer le succès de nos armes,
» Et joindre à ta valeur la force de mes charmes.
» L'enfer qui m'est soumis, va combattre pour toi :
» Mais écoute un secret que je livre à ta foi.
» Apprends qu'au fond du temple où ta bonté propice
» A permis au Chrétien d'offrir son sacrifice,
» Un autel est dressé dans un noir souterrain ;
» Sur cet autel s'élève un simulacre vain.
» A cette image impie adressant sa prière,
» Ce peuple de son Dieu croit invoquer la mère ;
» Un voile la dérobe aux regards curieux.
» D'une lampe à la voûte on entretient les feux,
» Et l'insensé Chrétien le front ceint de guirlandes,
» En foule à ses genoux court porter des offrandes.
» Elle est de tous ses vœux et l'objet et l'appui.
» Il faut que de ta main, l'enlevant aujourd'hui,

» Tu l'ailles déposer dans la sainte mosquée....
» De l'enfer par ma voix la puissance évoquée,
» Saura bien la soustraire à ce culte odieux....
» Qu'elle soit du succès un gage précieux,
» Et que dans tes états enchaînant la victoire,
» Elle y fixe à jamais le bonheur et la gloire ».

Il dit et persuade. Aladin aussi-tôt
Vole et porte ses pas au temple du Très-Haut.
Le peuple à son aspect comme un torrent s'écoule;
Des prêtres réunis il écarte la foule,
Enlève la statue et la porte en ces lieux,
Où d'un culte coupable on offense les cieux.
Là, sur le buste saint qu'ils révèrent eux-mêmes,
L'enchanteur sourdement murmure ses blasphêmes.

A peine un feu léger colorait l'Orient,
A peine du Soleil le disque étincelant
Commençait à répandre une clarté nouvelle,
Quand du dépôt sacré le ministre fidèle,
Le chercha vainement de ses premiers regards.
Interdit, incertain, errant de toutes parts,
Il aborde le roi, que son discours irrite:
« Ah! si j'en crois, dit-il, le soupçon qui m'agite,
» L'infidèle sans doute a commis le larcin;
» Mais il éprouvera le courroux d'Aladin.

Soit que le ciel vengeur, d'une main souveraine
Eut lui-même enlevé l'image de sa reine,
Soit qu'un mortel, peut-être, affrontant le danger,
Dans ce hardi dessein eut osé s'engager,
Nous ignorons encor si ce fut un prestige,
Ou si, dans ce moment, Dieu permit un prodige,
Mais ce pieux larcin, qu'on n'eut osé tenter,
Sans doute que le ciel put seul l'exécuter.

A la voix du tyran une horde homicide,
Sous les toits des Chrétiens promène un œil avide;
Déguisant ses projets sous des dehors flatteurs,
L'implacable Aladin cherche des délateurs:
Tour à tour il emploie et la force et l'adresse;
Il ouvre ses trésors, il menace, il caresse:
Une profonde nuit cache la vérité,
Tout trompe son espoir et sa férocité.
Ismen, de la magie employant la puissance,
Epuise en vains efforts sa frivole science;
Il ne découvre rien.... Pour la première fois,
L'enfer n'ose l'instruire et répondre à sa voix.

Le barbare Aladin, trompé dans son attente,
Brûle de contenter sa rage impatiente.
Il se livre aux excès d'un courroux effréné;
La clémence s'éteint dans son cœur forcené,

Et prononçant alors l'arrêt irrévocable....
« Ah ! c'est trop balancer ; il mourra, ce coupable
» Dont le forfait, voilé par un mystère affreux
» Blesse mon diadême et la cause des dieux.
» Pour qu'il n'échappe point à ma juste colère,
» Confondons dans son crime une secte étrangère,
» A qui ma bonté seule a conservé le jour,
» Et qui de son venin empoisonne ma cour.
» Il est temps que du ciel les ordres s'accomplissent,
» Que le juste lui-même et l'innocent périssent.
» L'innocent ! En est-il parmi nos ennemis ?
» Allez remplir les soins que je vous ai commis,
» Vous, fidèles sujets, soutiens de ma puissance,
» Que la flamme et le fer signalent ma vengeance :
» Versez de toute part ma haîne et ma fureur,
» Et que la pitié meure au fond de votre cœur ».

Son œil brille à ces mots d'une barbare joie ;
Cependant des bûchers l'appareil se déploie :
La mort s'offre par-tout aux regards des Chrétiens,
Tremblans, irrésolus, sans conseils, sans soutiens,
N'osant ni s'excuser, ni fuir, ni se défendre,
Ils dévorent les pleurs qu'ils craignent de répandre.
O tourmens !.... Mais du ciel l'invisible secours
Va bientôt de leurs maux interrompre le cours.

Une vierge timide, et dans l'âge prospère

Où le cœur s'abandonne au doux besoin de plaire,
Rend l'espoir et le calme à ce peuple abattu.
Ses charmes relevaient l'éclat de sa vertu ;
Négligeant leur usage, ignorant leur puissance,
Sous le paisible toît qu'habita son enfance,
Solitaire, et cachant ses modestes attraits,
Elle fuit des mortels les regards indiscrets.
Mais il n'est point d'asyle, il n'est point de lieu sombre,
Qui puissent la couvrir du voile de leur ombre :
Amour ne permit pas que sa timidité
Aux yeux de l'univers dérobât sa beauté ;
A ceux d'un jeune amant il offrit sa retraite :
Amour ! charmant amour, il n'est rien qui t'arrête....
Tantôt tes yeux perçans sont couverts d'un bandeau,
Guidé par le hazard tu marches sans flambeau :
Tantôt nouvel Argus, ton pouvoir se réveille ;
Et sous le toît obscur où la beauté sommeille,
Tu couronnes les vœux d'un mortel fortuné,
Sans ton secours, peut-être, à gémir condamné.

Nés dans les mêmes murs, Olinde et Sophronie,
Suivaient du même Dieu la loi sainte et chérie ;
Olinde l'adorait.... Fidèle et malheureux,
Il ne se plaignait point de son sort rigoureux.
Aussi modeste amant que sa maîtresse est belle,
Dès long-temps en secret il soupire pour elle.

L'infortuné languit dans son cruel lien,
Desire, a peu d'espoir, et ne demande rien.
Elle, de son côté refuse son hommage,
L'ignore, ou de ses vœux n'entend point le langage.
Ainsi le jeune Olinde, inconnu, méprisé,
D'aucun sourire encor ne fut favorisé.

CEPENDANT d'Aladin les barbares ministres
Déployaient la rigueur de ses ordres sinistres,
Et déjà les Chrétiens errans, persécutés,
Aux autels de leur Dieu couraient épouvantés.
Qui pourrait désormais embrasser leur défense?
La belle Sophronie en conçoit l'espérance:
Son courage lui dicte un généreux dessein,
Sa pudeur le combat ou le rend incertain.
Mais bientôt accordant la pudeur et l'audace,
Le courage l'emporte et la crainte s'efface.

A travers les soldats autour d'elle empressés,
Le front couvert d'un voile et les regards baissés,
Avec ce calme heureux que donne l'innocence,
Seule, et d'un pas tardif, elle marche en silence.
L'œil ne peut distinguer si l'art industrieux
Relève les attraits qu'elle reçut des cieux;
S'il préside lui seul à sa simple parure,
Ou si ses ornemens sont dus à la nature.

Sa négligence même est un charme vainqueur,
Ouvrage de l'amour et du ciel protecteur ;
Et sa beauté naïve a l'éclat d'une rose,
Aux premiers feux du jour nouvellement éclose.

ELLE arrive bientôt au palais d'Aladin ;
Et là, sans redouter son pouvoir souverain :
« Roi, dit-elle, suspens le cours de ta vengeance.
» De l'auteur du larcin j'ai seule connoissance,
» Et je viens dans ces lieux livrer à ta fureur
» Celui qui de tes loix a bravé la rigueur.

A l'aspect imprévu de cette beauté fière,
A sa noble assurance, à sa démarche altière,
Le monarque étonné réprime son courroux ;
Son cœur même frémit, ses regards sont plus doux :
Et si ce cœur barbare eut jamais pu connoître
Ce tendre sentiment que la vertu fait naître,
A son pouvoir suprême il cédait sans retour.
Mais ce vif aliment, le premier de l'amour,
L'espoir, ne peut entrer dans une ame flétrie
Par la noirceur du crime et de la tyrannie.

« JEUNE beauté, dit-il, approche et ne crains rien.
» J'ordonne à mes soldats d'épargner le Chrétien ;
» Tu peux parler. — Seigneur, reconnais la coupable.
» C'est moi qui, violant l'enceinte redoutable

» Où ta main déposa ce gage précieux,
» L'ai ravi de la mienne, et le cache à tes yeux.
» Cet aveu doit suffire à ta rage inquiète;
» Prononce mon arrêt.... frappe, voilà ma tête.

Mensonge généreux! Jamais la vérité
Eût-elle à notre hommage un droit plus mérité?
Ainsi de la vertu cette noble héroïne,
D'un peuple infortuné prévenant la ruine,
Pour le danger commun expose ses beaux jours,
Dont le plaisir, sans doute, eût embelli le cours.
Pour la première fois retenant sa colère,
Aladin confondu pâlit et délibère....
« Nomme-moi ton conseil, ton guide, ou ton appui,
» Et qu'il craigne la mort prête à fondre sur lui ».

— « La faute en est à moi, seule je l'ai commise;
» Seule j'ai terminé cette grande entreprise:
» L'honneur ne peut jamais m'en être disputé.
» Sans guide et sans appui j'ai tout exécuté;
» Je n'ai point de rival, je n'ai point de complice,
» Seule je dois cueillir la palme du supplice ».

— « Sur toi seule ainsi donc vont éclater mes coups:
» Tremble que ton trépas... — Mon cœur en est jaloux.
» Crains-tu, par les retards, d'augmenter mes alarmes?
» Mes yeux ne sont pas faits pour répandre des larmes »,

» Se plaindre d'un revers, c'est en être abattu.
» Viens voir si les bûchers font trembler la vertu.
» Heureuse, en descendant dans la nuit éternelle,
» De sceller de mon sang une cause si belle ».

Le courroux du tyran se rallume à ces mots.
» Réponds. Je ne sais pas encor tous tes complots.
» En quels lieux as-tu mis cette idole abhorrée ?
— » Aux flammes aujourd'hui cette main l'a livrée.
» J'ai du moins en mourant l'espoir consolateur
» De l'avoir dérobée à ton culte imposteur,
» Et du féroce Ismen la fureur criminelle
» Ne pourra désormais s'appesantir sur elle.

La rage passe alors dans le cœur d'Aladin,
Et son orgueil blessé ne connoît plus de frein.
Aimable Sophronie, en vain pour ton partage
Tu reçus la pudeur, les graces du bel âge;
En vain le tendre amour, de ses douces faveurs,
Embellit ta jeunesse et la para de fleurs;
Rien ne peut te sauver du pouvoir d'un barbare...
Par ses ordres bientôt le bûcher se prépare.
Des gardes inhumains, des tigres furieux,
Vont consommer le crime à la face des dieux.
Ils lèvent sur sa tête une main homicide....
O supplice! ô tourment de la vertu timide!

Son voile est arraché.... Le peuple, les soldats,
Souillent de leurs regards ses modestes appas;
Des liens odieux et des chaînes pesantes
Pressènt son corps d'albâtre et ses mains innocentes:
Mais cet outrage encor ne saurait l'avilir,
Son teint se décolore et blanchit sans pâlir.
Elle se tait, hélas!.... La nature abattue
Pousse un soupir plaintif dans son ame ingénue.

SOUDAIN la renommée annonce son malheur.
Le peuple vient goûter ce spectacle d'horreur.
Olinde accourt aussi. Le malheureux ignore
Qu'on va sacrifier l'amante qu'il adore.
Il arrive, il la voit.... O moment douloureux!
Alors de son bûcher on allumait les feux.
Le tyran recueillait le fruit de sa vengeance.
Olinde l'apperçoit, à ses pieds il s'élance:
« Seigneur, n'écoute point un rapport mensonger.
» Une femme jamais ne brava le danger;
» Un sexe délicat et né dans la mollesse
» N'eût jamais à ce point poussé la hardiesse.
» Eût-elle pu tromper l'œil du garde employé
» A veiller sur ce gage à ses soins confié?
» Que je sauve du moins une tête innocente....
(Tant il aimait, hélas! son insensible amante.)
» Aladin, poursuit-il, n'en accuse que moi,
» Seul je suis le coupable, et le dis sans effroi.

» Il est une ouverture au haut de la mosquée
» Pour recevoir le jour, avec art pratiquée ;
» C'est par-là que, couvert des ombres de la nuit,
» J'ai trompé les regards et gagné le réduit
» Où reposait l'objet de notre juste hommage.
» Oui, Seigneur, oui, c'est moi qui t'ai ravi l'image.
» Le supplice m'est dû.... Qu'on me donne des fers ;
» Que ces apprêts de mort à mes regards offerts
» Cessent de menacer cette tendre victime ;
» N'épuise que sur moi ta rage légitime ».

— « Arrête, malheureux !.. Et quel est ton espoir,
» Lui répond Sophronie ? Ose-tu concevoir
» Que, cédant au transport qui t'aveugle et t'égare,
» Je ne m'oppose point à ce dessein barbare ?
» Ne pourrai-je, sans toi, supporter le courroux
» D'un tyran, dont ma gloire a mérité les coups !
» Je n'écouterai point la pitié qui t'entraîne ;
» J'ai commis le larcin, j'en subirai la peine ».

Mais rien ne peut fléchir un amant obstiné.
O spectacle héroïque ! où l'amour dédaigné
Lutte avec la vertu d'une ame noble et pure ;
Où la mort est le prix d'une heureuse imposture ;
Où le vaincu rougit de conserver des jours
Dont un si beau moment doit terminer le cours !

Le tyran, à l'aspect de ce couple admirable,
S'abandonne aux excès d'un courroux implacable ;
Et son cœur inhumain, bien loin d'être amolli,
Par leur sublime audace a craint d'être avili.
« Eh bien ! puisque tous deux s'en disputent la gloire,
» Qu'ils partagent tous deux une telle victoire ».

Il dit. Sa voix impie excite les bourreaux.
Les amans sont liés aux infâmes poteaux :
Mais Olinde, en mourant, ne peut jouir encore,
De l'aspect enchanteur de celle qu'il adore.
On lui ravit l'espoir de puiser dans ses yeux
Sa force et le mépris d'un trépas si honteux.
Autour d'eux tout à coup, la flamme pétillante
Roule, brille et s'élève en colonne ondoyante.
Olinde, profitant de ses derniers momens,
A travers les sanglots profère ces accens :
« Voilà donc cet autel où le dieu d'hyménée
» Devait à mon amante unir ma destinée !
» Le voilà donc, ce feu qui doit nous dévorer,
» Et l'heureux avenir que j'osais espérer !
» Aurais-je cru jamais, ô belle Sophronie,
» Que, sur un lit de mort, tu me serais unie ?
» L'amour m'avait promis, hélas ! des nœuds plus doux,
» De mes timides vœux le destin fut jaloux ;
» Son injustice encor ne s'est point démentie ;
» Il m'ôta le bonheur de te donner ma vie.

» Il nous a séparés ; mais je puis en ce jour
» Pour la première fois te prouver mon amour ;
» Et puisque le trépas va finir ta carrière,
» Je n'ai point la douleur de perdre la lumière
» Loin de l'unique objet qui me la fit chérir.
» Près de toi, sans regret, Olinde va mourir.
» Ah ! trop heureux encor si ta bouche charmante
» S'unissait un moment à ma bouche expirante ;
» Si ton dernier soupir élancé vers mon cœur,
» Pouvait le réchauffer de sa douce chaleur » !

Ainsi le jeune amant déplorait sa misère.
« Cesse, ami, d'exhaler une plainte vulgaire,
» Lui répond Sophronie. Il est en cet instant
» Un soin plus précieux et bien plus important.
» Il est temps de songer à notre dernière heure,
» Au bonheur d'habiter la céleste demeure.
» Cher Olinde, oublions nos communes erreurs ;
» Offre à Dieu ton supplice, il aura des douceurs.
» Ton jeune front couvert des palmes du martyre,
» Va goûter cette paix que ton ame desire.
» Vois ce ciel radieux tout prêt à s'entr'ouvrir ;
» Ce n'est que la vertu qui peut le conquérir.
» Vois cet astre éclatant, dont la vive lumière
» Nous trace le chemin qui conduit à sa sphère.
» Nous allons être heureux et libres sans retour,
» Et la mort est pour nous l'aurore d'un beau jour ».

Le Musulman, touché de ce spectacle horrible,
Admire la grandeur de ce couple sensible:
Le fidèle en gémit et soupire tout bas.
Le roi, de la pitié, qu'il ne connaissait pas,
Malgré tous ses efforts éprouve la puissance;
En vain pour la combattre il se fait violence,
Et courant se cacher au fond de son palais,
Il laisse un libre cours au plus grand des forfaits.
Toi seule, Sophronie, objet de tant de larmes,
Tu ne partages point les communes alarmes;
Ton œil tranquille et fier semble braver la mort,
Et, tourné vers le ciel, n'accuse point le sort.

Cependant un guerrier arrive sur la place.
Tout respire dans lui la vigueur et l'audace.
Son armure étrangère annonce à tous les yeux
Que d'un climat lointain il arrive en ces lieux.
Au tigre étincelant qui brille sur sa tête,
Et de son casque d'or a remplacé l'aigrette,
On reconnaît Clorinde. A peine en son printemps
Clorinde a dédaigné de vains amusemens.
D'un sexe délicat surmontant la faiblesse,
Elle a fui des cités la pompe et la mollesse;
Et sa main, destinée à de nobles travaux,
Ne mania jamais l'aiguille et les fuseaux.
A travers les forêts, au sommet des montagnes,
Elle perça de traits les monstres des campagnes.

Bientôt elle voulut, sur les pas des guerriers,
Parcourir de l'honneur les pénibles sentiers,
Et parmi les hazards qui suivent la victoire,
Ceindre son front charmant des lauriers de la gloire.

Elle vient soutenir la cause d'Aladin.
Déjà plus d'une fois redoutable au Latin,
Elle lui fit sentir le poids de sa colère,
Et des flots de son sang elle rougit la terre.
L'appareil de la mort a frappé ses regards.
La foule à son aspect s'ouvre de toutes parts;
Elle approche..., Elle voit la jeune Sophronie,
D'un supplice fatal souffrant l'ignominie.

Elle ne se plaint point et cache ses douleurs.
Olinde à ses côtés verse un torrent de pleurs:
Ce n'est point qu'il frémisse à son heure suprême;
Et s'il gémit, hélas! ce n'est pas sur lui-même.
La guerrière soupire; elle les plaint tous deux.
Son ame, qu'attendrit ce spectacle odieux,
Aux regrets de l'amant n'est point indifférente;
Mais tout son cœur palpite au calme de l'amante.

« Non, ils ne mourront pas, se dit-elle en secret;
» Je ferai révoquer ce criminel arrêt.
» D'une vie aussi belle, ah! conservons la trame ».
Elle vole au bûcher, fait éteindre la flamme,

Rassure les amans, arrête les bourreaux,
Et d'un ton souverain leur adresse ces mots:
« Gardez-vous de remplir ce sanglant ministère.
» Je saurai d'Aladin appaiser la colère;
» Il ne blâmera point l'ordre que je prescris ».

Elle dit. Ce discours enchaîne les esprits.
On suspend le supplice; et l'altière princesse
Court auprès du monarque acquitter sa promesse.
Elle aborde Aladin : « J'ignore si mon nom
» Est encor parvenu jusqu'aux murs de Sion.
» Je suis Clorinde. Apprends qu'une même croyance
» M'engage à soutenir ton trône et ta puissance,
» Et, vaine de marcher sous tes fiers étendards,
» Ordonne, je suis prête à tenter les hazards.
» Je ne dédaigne point une entreprise aisée;
» Cependant la plus haute arrête ma pensée.
» Dans les murs de Solime, au milieu des combats,
» Par-tout tu peux trouver le secours de mon bras.

— » Est-il dans l'univers un climat si sauvage
» Qui ne soit déjà plein du bruit de ton courage?
» Les enfans du Prophète admirent tes exploits,
» Et moi-même je sais tout ce que je leur dois.
» Tu deviens aujourd'hui le soutien de ma gloire,
» Et le gage certain d'une prompte victoire.

» Oui, mon cœur ranimé se livre à cet espoir;
» A peine avant ce jour l'osai-je concevoir.
» Désormais plus tranquille et sûr de ta vaillance,
» Des Chrétiens conjurés je brave l'arrogance.
» Généreuse héroïne, entre au champ de l'honneur;
» Et bientôt tout couvert des palmes du vainqueur,
» J'irai sur les débris de leur secte étouffée,
» Rendre grace à nos dieux, et dresser un trophée ».

CLORINDE à ce discours s'incline avec respect.
« Tu seras étonné qu'à mon premier aspect,
» Qu'avant de repousser ce peuple téméraire,
» D'un service futur j'exige le salaire.
» Mais quand l'Asie entière éprouve ta bonté,
» J'espère en obtenir un pardon mérité.
» Deux malheureux Chrétiens, condamnés à la flamme.
» Vont périr, tu le sais, par un supplice infâme.
» Je l'avoue, Aladin; un sentiment secret
» M'inspire en leur faveur le plus tendre intérêt.
» Je viens sur ses devoirs éclairer ta clémence,
» Et d'un crime douteux absoudre l'innocence.
» Que leur reproche-t-on? Un frivole larcin,
» Nos temples profanés, un simulacre vain
» Soustrait à ta fureur par leur bras sacrilège?
» Je reconnais ici le ciel qui nous protège.
» Ismen est seul coupable.... Ismen a tout commis;
» De la sainte mosquée il souilla les parvis,

» Et je ne doute point qu'un envoyé céleste
» N'ait lui-même ravi cette idole funeste,
» A notre culte, ainsi, rendu sa pureté,
» Et rempli les décrets du Prophète irrité.
» Que de son art fatal employant l'influence,
» L'enchanteur avec soin seconde ta vengeance;
» Il le doit : ce sont là ses uniques moyens.
» Mais nous, pour foudroyer l'orgueil de ces Chrétiens,
» Bornons-nous à ce fer.... C'est sur lui que je fonde
» Le repos de Solime et le bonheur du monde ».

Elle dit. Aladin résiste à la pitié,
Mais cède en murmurant aux vœux de l'amitié.
« Tu l'exiges.... Eh bien! soit clémence ou justice,
» De ma haine en ce jour je fais le sacrifice.
» Qu'ils vivent ».... A ces mots on détache leurs fers.
O prodige! ô bonheur né du sein des revers!....
Olinde à Sophronie unit sa destinée,
Et le bûcher se change en autel d'hyménée.
Bientôt tendres époux, les plus aimables nœuds
Réunissent leurs cœurs brûlant des mêmes feux:
Olinde dans ses bras enlace son amante,
Et goûte enfin le prix d'une ardeur si constante.
Mais de tant de vertus redoutant les effets,
Le monarque poursuit le cours de ses forfaits.
Sa jalouse fureur les bannit de Solime.
Ce n'est pas tout encore : ajoutant à son crime,

Il proscrit les Chrétiens. Les uns désespérés,
Quittent en gémissant leurs amis éplorés,
Parcourent au hazard des régions lointaines....
D'autres dans les cachots, sous de pesantes chaînes,
Languissent dévoués à des tourmens nouveaux....
Quelques-uns égarés par l'excès de leurs maux,
S'unissent aux Chrétiens, et joignent leur armée,
Dans les murs d'Emmaüs naguère renfermée.
Ton sol, riche Emmaüs, touche au sol de Sion :
Ah ! combien ton aspect fait tressaillir Bouillon !
Combien tous ses guerriers s'enivrent d'espérance,
Et que le succès tarde à leur impatience !

Le jour allait se perdre au fond de l'Océan ;
Deux guerriers inconnus arrivent dans le camp.
Ambassadeurs du roi qui règne sur le Caire,
Tout de leur part annonce une amitié sincère ;
Un cortège brillant accompagne leurs pas.
Alète est le premier.... Dans le rang le plus bas
Le destin à Memphis lui donna la naissance ;
Politique profond, adroit, plein d'éloquence,
Il parvint jusqu'aux pieds de ce trône fameux,
D'où devaient l'éloigner ses rustiques aïeux.
Flatteur, insinuant, habile à la contrainte,
Il mêle adroitement la louange à la feinte,
Et calomnie alors qu'il veut justifier.
Le second, c'est Argant. Obscur aventurier

Il occupe en Egypte, auprès du diadême,
Un poste qui n'est dû qu'à sa valeur suprême.
Inexorable, altier, farouche, impétueux,
Son glaive est sa raison, son pouvoir et ses dieux.

Admis devant Bouillon, la main sur la poitrine,
Alète se recueille, et par trois fois s'incline;
Il lui rend ces tributs que les peuples rampans,
Sans honte et sans pudeur rendent à leurs tyrans.
Il parle.... Le soldat tient sa langue captive,
Et prête à son discours une oreille attentive.

« Digne chef des héros, dont l'invincible bras
» A rangé sous tes lois tant de vastes états;
» Toi qu'un heureux destin guide dans l'Idumée
» Pour apporter des fers à la terre alarmée,
» Les dieux de te servir semblent être jaloux.
» Le bruit de tes exploits parvenu jusqu'à nous,
» Etonne l'univers dans sa marche rapide,
» Et vole par-delà les colonnes d'Alcide.
» L'Egypte, de ta gloire admire la splendeur....
» Son roi, loin d'envier ta suprême grandeur,
» Aime de tes vertus l'étonnant assemblage;
» Il compte tes hauts faits, admire ton courage,
» Et son cœur généreux ne craint pas d'applaudir
» Aux lauriers immortels que tu viens de cueillir.

» Bien plus, pour te prouver la noble confiance
» Qu'il met dans ta sagesse et ta rare prudence,
» Quoiqu'un culte étranger doive vous désunir,
» Il brigue ton estime.... et saura l'obtenir.

» En demandant la paix que mon maître desire,
» Je remplis tous les vœux auquel son ame aspire.
» Mais de tes grands projets, Seigneur, il est instruit,
» Et pénètre aisément l'espoir qui te conduit.
» D'un monarque voisin tu menaces le trône....
» Il en est temps encor, respecte sa couronne.
» Si de la Palestine éloignant tes soldats,
» Vers un autre côté tu diriges leurs pas;
» Si de vingt rois soumis à son pouvoir suprême,
» Tu jures d'épargner l'auguste diadême,
» D'une sainte amitié formant les beaux liens,
» Il unit désormais ses guerriers aux Chrétiens.
» Alors tes ennemis dispersés sur l'arène,
» Vomiront à tes pieds les poisons de la haine;
» Le Turc ni le Persan ne pourront t'arrêter,
» Et l'ange de la mort saura les écarter.

» Seigneur, rien ne peut plus ajouter à ta gloire:
» Heureux et couronné des mains de la victoire,
» Le monde, qui te voit plus léger que les vents,
» Promener en tous lieux tes drapeaux triomphans;

» A peine pourra croire aux succès de tes armes....
» Veux-tu donc le remplir et de sang et d'alarmes?
» Sur les débris fumans de cent climats divers,
» A leurs rois éperdus veux-tu donner des fers?
» Pour ta cause déjà le bonheur se déclare;
» Des bords du Tanaïs à ceux du Saïbare,
» Tout a fui devant toi.... Les peuples effrayés,
» Au seul bruit de ton nom viennent humiliés,
» Baiser en frémissant ta main victorieuse,
» Et courber sous le joug une tête orgueilleuse.
» Après tant de travaux quel est donc ton espoir?
» Veux-tu sur l'univers étendre ton pouvoir?
» De secrets ennemis, jaloux de ta vaillance,
» Peut-être dans ton cœur nourrissent la vengeance;
» Peut-être ils te diront que tes brillans destins
» T'assurent à jamais l'empire des humains;
» Que tu dois ceindre encor cette fameuse épée,
» Dans le sang des vaincus depuis long-temps trempée...

» Mais crains de leurs conseils l'appât insidieux;
» Et si de la raison le flambeau radieux
» Jette encor dans ton sein quelque faible étincelle,
» Garde-toi de céder aux marques d'un faux zèle:
» La fortune bizarre en son cours inégal,
» Egarerait tes pas sur l'abyme fatal.
» Tremble! le cèdre altier dont la tête chenue,
» Voit serpenter la foudre, et se perd dans la nue,

» Par le choc des Autans en un jour ébranlé,
» Couvre de ses rameaux le sol qu'il a foulé.
» Dis-moi : si de Memphis les hordes aguerries ;
» Si du Turc, du Persan les forces réunies
» Armaient contre les tiens leurs belliqueux soldats,
» Oses-tu te flatter que l'effort de ton bras
» Parvînt à dissiper leur troupe conjurée ?
» Comptes-tu sur la foi que le Grec t'a jurée ?
» Comment se reposer sur ses engagemens ?
» A-t-il rempli jamais aucun de ses sermens ?
» T'a-t-il dans ses états accordé le passage ?
» Et tu crois qu'aujourd'hui, secondant ton courage,
» Il versera son sang pour un culte étranger,
» Lui, dont le cœur frissonne à l'aspect du danger !

» De ton Dieu, diras-tu, ta main sert la querelle ;
» Lui-même, du séjour de sa gloire immortelle,
» Il trace le chemin que tu dois parcourir :
» Mais de tous les fléaux doit-il te garantir ?
» A-t-il de cent états prononcé la ruine ?
» Avance encore un pas ; et l'affreuse famine,
» D'un obstacle nouveau saura t'envelopper.
» A ses poisons subtils si tu crois échapper,
» Brave avec tes guerriers l'orage qui s'apprête ;
» Insulte à Mahomet, et rêve ta conquête.
» La flamme a tout détruit. La prudente Sion
» A caché dans ses murs une riche moisson ;

» Cette terre féconde, et maintenant stérile,
» N'offre à l'œil fatigué qu'une arène mobile.
» Peut-être espères-tu que l'haleine des vents
» Courbera pour toi seul les flots obéissans;
» Que ta flotte, en dépit d'une mer en furie,
» Portera dans ton camp l'abondance et la vie:
» Tu connais la fortune; aveugle en ses écarts,
» Elle peut te livrer à l'horreur des hazards;
» Et déployant enfin toute son inconstance,
» Par de nombreux revers abattre ta puissance.

» Si malgré ses motifs tu rejettes la paix,
» Si tu veux de mon roi refuser les bienfaits,
» Seigneur, de ma franchise excuse la rudesse:
» Je crois à ta valeur, mais non à ta sagesse.
» Daigne le juste ciel, t'éclairant en ce jour,
» A de plus doux conseils te fixer sans retour!
» Il est temps de finir les malheurs de l'Asie.
» Déjà depuis cinq ans la discorde ennemie,
» Sème l'esprit de trouble et de division:
» Mets un terme prochain à la dissension.
» Et vous, de Godefroi compagnons invincibles,
» A nos pieux souhaits seriez-vous insensibles?
» A travers mille écueils l'honneur vous a conduits;
» D'un calme précieux goûtez en paix les fruits.
» Imitez le nocher qui, désormais plus sage,
» D'un élément perfide évite enfin la rage.

» A l'abri, dans le port, du caprice des flots,
» Il aime à se livrer aux charmes du repos ».

Il se tait. Les héros, par un sombre murmure,
Blâment de son discours l'audace et l'imposture.
Godefroi d'un œil fixe observe leur maintien,
Et répond en ces mots au fourbe Egyptien :
« Ministre d'un tyran, tu sais avec adresse,
» Employer tour à tour l'orgueil et la bassesse.
» Si ton roi nous chérit, si, comme tu le dis,
» Il veut que dès ce jour nous soyons réunis,
» Je sais à de tels vœux ce que je dois répondre.
» Quant à tous ses brigands ligués pour nous confondre,
» Dont tu viens menacer notre saint étendard,
» Je vais t'ouvrir mon ame, et te parler sans fard :

» Apprends que dans ces lieux nous portâmes la guerre,
» Que nous avons bravé les dangers de la terre,
» Lutté contre les flots, traversé les déserts,
» Pour affranchir Sion de ses indignes fers.
» Pleins de ce grand projet, et du Dieu qui nous guide,
» Sûrs de vaincre aisément, couverts de son égide,
» Nous exposons sans crainte aux hasards des combats,
» Une futile gloire, et nous, et nos états.
» Ne pense pas pourtant que la soif des richesses
» Soit le servile nœud de nos justes promesses;

» Que le ciel bienfaisant arrache de nos cœurs
» De cet impur levain les germes corrupteurs.
» Un motif plus puissant enflamme mon armée :
» Dieu par nos bras vengeurs va punir l'Idumée.

» Nous cédons à sa voix.... Il dirige nos pas ;
» Sa main ouvre à nos yeux la route des combats.
» Cette main dont la force applanit les montagnes,
» Tempère les chaleurs, embrase les campagnes,
» Dessèche dans leur lit les fleuves écumans,
» Trouble les eaux, appaise ou déchaîne les vents,
» Sème les champs d'azur de vapeur enflammées,
» Disperse, abat, protége ou soutient les armées.

» Sur elle nous fondons nos vœux et notre espoir,
» Par elle nous rions du fragile pouvoir
» Des esclaves divers armés pour la vengeance.
» Quiconque sur le ciel place sa confiance,
» Au milieu des périls qui menacent ses jours,
» A d'autres qu'à lui seul rougit d'avoir recours.
» Sûrs d'un bra[illegible]t-puissant, que nous faut-il encore ?
» Et quand [illegible] ité, que le mortel ignore,
» De nos jours pâlissans éteindrait le flambeau,
» Qui ne serait heureux de trouver son tombeau
» Près du tombeau d'un Dieu, dont la mort criminelle
» Effaça de nos fronts la tache originelle ?

» Cet espoir pour nos cœurs a même des appas;
» Nous mourrons avec gloire au milieu des combats.
» Nous mourrons; mais tremblez, bientôt de notre cendre
» Renaîtront des vengeurs armés pour la défendre.
» L'Asie et ses soldats sous leurs coups déchirés
» N'oseront insulter à nos mânes sacrés.

» Cependant ne crois pas qu'avides de carnage,
» Nous fuyons de la paix le tranquille avantage.
» Nous ne refusons point les offres de ton roi.
» Mais à quel titre enfin nous prescrit-il sa loi?
» Pourquoi nous empêcher d'étendre nos conquêtes?
» De quel droit épier nos démarches secrètes?
» Sous un sceptre d'airain qu'il courbe ses sujets,
» Sans nous parler en maître, et sonder nos projets ».

Argant s'avance alors. Ce superbe langage
Porte au fond de son cœur le dépit et la rage....
« Puisque d'un souverain tu méprises les dons,
» Puisque te refusant à ses conditions
» Tu blesses à la fois par tes desseins sinistres,
» Son pouvoir, sa clémence et ses propres ministres,
» Accepte donc la guerre, insulte à tous les rois;
» Bientôt tu connaîtras les dangers de ce choix ».
Puis secouant sa robe.... « O toi, peuple infidèle!
» Reçois enfin la guerre, et reçois-la mortelle.

Tel sans doute autrefois un mortel insensé,
Aux regards de son peuple et du ciel offensé,
Eleva cette tour, qui du sein de la terre
Porta son front altier au séjour du tonnerre.
Tel le fier Sarrazin enflammé de courroux,
S'abandonne aux transports de son orgueil jaloux :
Il blasphême tout bas, et dans ses yeux impies
On voit étinceler le flambeau des furies.

« J'ACCEPTE, dit Bouillon, l'offre que tu me fais.
» Oui, mes guerriers et moi nous refusons la paix.
» Tu peux dire à ton roi qu'il songe à se défendre;
» Qu'il vienne, ou près du Nil qu'il daigne nous attendre ».
Il leur fait à ces mots des présens somptueux.
Alète a pour sa part un casque précieux.
Le Sarrazin reçoit une brillante épée;
Par une habile main sa lame fut trempée;
Et son fourreau paré d'or et de diamans,
Étincelle des feux les plus éblouissans.
Argant d'un œil distrait en parcourt la richesse:
« Godefroi, lui dit-il, fidèle à ma promesse,
» Tu me verras bientôt sous les murs de Sion
» Par de nouveaux exploits justifier ce don ».

ILS s'éloignent.... Déjà ramenant les ténèbres,
La nuit teint l'horizon de ses couleurs funèbres.

« Alète, dit Argant, je vais joindre Aladin.
» Toi, retourne à Memphis.... Apprends à Saladin
» L'inutile succès de notre ministère.
» Pars.... Je m'arrête aux lieux où me fixe la guerre.
» Contre tous les périls mon cœur est affermi ».
Ainsi d'ambassadeur il devient ennemi;
Et sans s'inquiéter si son dessein coupable
Blesse des nations le droit inviolable,
De l'antique Solime il gagne les remparts.

Le calme et le sommeil régnaient de toutes parts,
Les oiseaux reposaient dans l'épaisseur des chênes,
Les habitans des monts, et des lacs et des plaines,
Tous les êtres enfin sous l'aîle du repos,
Oubliaient leurs plaisirs, leurs soins et leurs travaux;
Mais le brave Chrétien, renfermé dans sa tente,
Trouve la nuit trop longue au gré de son attente.
De l'aurore vermeille il hâte le retour,
Et cherche à deviner les premiers traits du jour.

FIN DU CHANT SECOND.

LA

JERUSALEM DÉLIVRÉE.

CHANT TROISIÈME.

SOMMAIRE

DU CHANT TROISIÈME.

Les Chrétiens approchent de Jérusalem. Le combat s'engage avec les infidèles. Tancrède se mesure avec Clorinde sans la connaître. Herminie assise au haut d'une tour, avec Aladin, nomme à ce monarque les principaux chefs de l'armée Chrétienne. Dudon est tué par Argant. Funérailles de ce héros.

CHANT TROISIÈME.

Bientot sur l'horizon que le rubis colore,
Souffle un vent plus léger, précurseur de l'aurore :
D'une clarté nouvelle elle ouvre les sillons,
Et la rose se mêle à l'or de ses rayons.
Le Français pousse au loin les cris de l'alégresse;
Les clairons belliqueux redoublent son ivresse.
Bouillon s'oppose en vain à ses fougueux transports;
Il ne peut les calmer.... Tel, avec moins d'efforts
Déchaîné sur les mers, l'impétueux Borée
Trouble dans sa fureur l'empire de Nérée.

Il donne le signal d'un départ souhaité.
On vole; mais on cède à ce son redouté
Qui dirige le pas, le règle, le mesure,
En maintient l'équilibre et rend la marche sûre.
Enfin, au haut des airs le soleil parvenu,
Inonde de ses feux un climat inconnu.
Jérusalem paraît... Les échos des montagnes
De ce nom révéré remplissent les campagnes.
Le Chrétien la salue, et dans ses chants joyeux,
Célèbre son aspect et la bonté des cieux.

TEL le navigateur que la mer en furie
Eloigne en bouillonnant d'une terre chérie ;
Son vaisseau tourmenté par les fougueux Autans,
Lutte contre la foudre et les flots inconstans :
Mais, si le dieu du jour dissipe les orages,
Si le port tout à coup du milieu des nuages
Se montre à ses regards incertains, éblouis,
L'espérance éclaircit son front chargé d'ennuis.

UNE sombre tristesse à ces transports de joie
Succède tout à coup. Dans les cœurs se déploie
Un sentiment profond de crainte et de respect,
Et chacun s'humilie à ce lugubre aspect.
Tous lèvent en tremblant leur humide paupière,
Vers ces funestes lieux, où, perdant la lumière,
Le Fils de l'Eternel expia les affronts
Qu'un prévaricateur imprima sur nos fronts.

DES mots entrecoupés, des soupirs et des larmes
Expriment tour à tour la joie et les alarmes :
Leurs cris frappent l'écho; l'air murmure et frémit.
Ainsi dans les forêts le vent souffle et mugit;
Ainsi quand l'aquilon siffle et roule sur l'onde,
De l'immense Océan le vaste abîme gronde;
Bouillon quitte son casque émaillé de rubis,
Dépouille sa chaussure et ses pompeux habits.

A l'exemple des chefs, dans un pieux silence,
Chacun en gémissant d'un pas tardif s'avance;
Et bientôt à travers les pleurs et les sanglots,
D'une tremblante voix articule ces mots :
« La voilà donc, ô Dieu, cette cité coupable !
» Voilà ces lieux baignés de ton sang adorable;
» Et sourd au repentir, mon insensible cœur
» N'est point encor brisé de honte et de douleur !
» A cet aspect mêlé d'amertume et de charmes,
» Qui changera mes yeux en deux sources de larmes » !
Du sommet d'une tour, le Sarrazin surpris,
Apperçoit des Chrétiens les bataillons unis.
Il s'émeut à l'aspect de leur nombreuse armée.
Telle sur l'horizon une nue enflammée
Renferme dans son sein la foudre, les éclairs,
Et d'un rapide vol parcourt le champ des airs.
Il voit briller le fer, il distingue l'armure;
Des hommes, des coursiers il entend le murmure :
Soudain de leur approche il donne le signal.

« Aux armes, compagnons ! voici l'instant fatal,
» Dit-il. Voyez ces feux allumés dans la plaine :
» Voilà les ennemis, objets de votre haine.
» Montez sur les remparts.... hâtez-vous.... accourez...
» Que sous vos traits sanglans ils tombent déchirés.
» Que la mort les moissonne et lave votre offense.
» Aux armes !.... Mahomet prendra votre défense ».

A ces mots, les enfans, les femmes, les vieillards,
Aux pieds de leurs autels courent de toutes parts,
L'œil morne, le teint have, et souillés de poussière,
Elever jusqu'au ciel leur timide prière.
Mais ceux dont la jeunesse enflamme le courroux,
Des soldats de Bouillon vont affronter les coups.
Aladin est par-tout.... Au déclin de son âge,
La prudence chez lui seconde le courage.
Ses ordres sont donnés; au faîte d'une tour,
D'où son œil de la plaine embrasse le contour,
Il vole attendre en paix que le destin propice,
En servant ses drapeaux signale sa justice.
La sensible Herminie y paraît près de lui:
A la fleur de ses ans, sans conseils, sans appui,
Sur les vastes débris d'Antioche vaincue,
Du trône de son père en un jour descendue,
Elle vint dans la cour du tyran de Sion,
Chercher quelque remède à son affliction.

Clorinde cependant, jalouse de sa gloire,
Devance l'infidèle aux champs de la victoire:
« Allons, dit-elle, allons par un début heureux,
» Raffermir les états d'un prince généreux.
» Il est temps de fixer les destins de l'Asie,
» Et de donner des fers à cette secte impie ».
Tandis qu'elle conçoit ce généreux dessein,
Des Chrétiens, entraînés par la soif du butin,

Enlèvent des troupeaux et rejoignent l'armée.
Alors, par le dépit et la rage animée,
Clorinde fond sur eux. L'intrépide Ossion,
D'un chimérique espoir suivant l'illusion,
S'oppose à sa fureur; mais, trop faible adversaire,
De son corps palpitant il mesure la terre.
Elle s'enorgueillit de ce premier succès,
Et sa main lance au loin d'inévitables traits.

Le Chrétien alarmé se disperse à sa vue....
Soudain, tel que l'éclair qui déchire la nue,
L'impétueux Tancrède, au nom de Godefroi,
Vient rallier la troupe et calmer son effroi.
A son port imposant, à sa noble assurance,
Aladin étonné l'envisage en silence;
Jaloux d'apprendre enfin le nom de ce héros,
A la belle étrangère il adresse ces mots:
« Quel est ce chevalier dont la mine est si fière?
» J'aime sa contenance et sa démarche altière.
» Vous avez autrefois combattu ces guerriers;
» Leurs traits, m'avez-vous dit, vous furent familiers.
» Parlez ».... A ce discours, la sensible Herminie,
D'un trouble involontaire, et de crainte saisie,
Retient avec effort ses sanglots et ses pleurs;
L'aspect de ce héros réveille ses douleurs....
Puis, feignant de couvrir du voile de la haine,
Le charme impérieux de l'amour qui l'entraîne,

« Hélas! pour mon malheur je le connais trop bien ;
» Oui, grand roi, dès long-temps ce perfide Chrétien
» Tourmente mon repos, occupe ma pensée....
» Mes peuples égorgés, ma couronne brisée,
» Le sang de mes soldats inondant mon palais,
» Mon père vertueux expirant sous ses traits,
» Mes états envahis, sa bonté dédaigneuse,
» Tout grava dans mon sein son image odieuse.
» Antioche le vit.... O supplice !.... ô fureurs !
» Renverser les autels de ses Dieux protecteurs !
» C'est Tancrède. Ah! du moins si le sort moins contraire,
» Par un juste retour finissait ma misère,
» S'il amenait un jour le cruel dans mes fers,
» Mon cœur oublîrait tout.... jusques à ses revers ».

Elle dit.... Un soupir étouffe ce langage;
Il exprime l'amour.... Aladin croit la rage.
Clorinde court alors à son fier ennemi.
Tancrède l'apperçoit. Sur sa lance affermi,
Il supporte le choc de la belle guerrière.
Puis d'un bras furieux il heurte sa visière....
Le casque se détache,... et ses cheveux errans,
Sur son front désarmé flottent au gré des vents.
La fureur fait rouler son ardente prunelle;
Un farouche dépit dans ses traits étincelle.
Quel serait leur pouvoir, s'ils étaient embellis
Par les tendres desirs, ou par un doux souris!

Si l'amour en jouant sur des touffes de roses
Colorait ce beau teint et ces lèvres mi-closes !

TANCRÈDE ! se peut-il que ton œil égaré
Ne reconnaisse point ce visage adoré ?
Où s'arrêtent tes vœux et ta rage insensée ?
Hélas ! quel fol espoir enivrait ta pensée ?
Les voilà ces beaux yeux, d'où le plaisir vainqueur
Aime à lancer les feux qui dévorent ton cœur !
Ne te souvient-il plus de ce bois solitaire ?....
C'est Clorinde.... l'objet de ta flamme sincère.
Il la voit.... mais il fuit ; et, loin de ses regards,
Son bras dans les combats cherche d'autres hazards ;
Et, tel qu'une victime à la mort échappée,
Il promène par-tout sa formidable épée.
L'amazone le suit... Son glaive foudroyant
S'agite sur sa tête et siffle en flamboyant.
Hélas ! moins occupé de sa propre défense
Que du soin de fléchir une injuste vengeance....
« Vos efforts impuissans se perdent dans les airs,
» Disait-il ; mais le Dieu qui me mit dans vos fers,
» Du plus fidèle amant respectera la vie.
» Pourquoi par votre haine est-elle poursuivie ?
» Et si Tancrède, hélas ! vous était odieux,
» Croyez que pour le vaincre il suffit de vos yeux.
» Clorinde, je crains peu votre fer redoutable ».....
Enfin, las de cacher le tourment qui l'accable,

Et quoique sans espoir, il veut lui découvrir
Le secret de son ame avant que de mourir.
Elle verra du moins la douleur qui l'opprime;
Peut-être plaindra-t-elle une faible victime....
Un esclave soumis, tremblant à ses genoux,
Calmera sa fureur, ou préviendra ses coups....
Il s'approche; et bientôt d'une voix plus hardie,
Il adresse ces mots à sa fière ennemie :
« Toi qui, par un motif que je ne connais pas,
» T'obstines dès long-temps à marcher sur mes pas,
» Si tu veux à l'écart éprouver mon courage,
» Viens, et loin du combat ouvrons-nous un passage;
» Libres et sans témoins, il nous sera permis
» De voir auquel des deux le succès est promis ».
Hors des rangs de l'armée aussi-tôt il s'élance :
Clorinde à ses côtés marche avec assurance.
Elle n'a point de casque, et son cœur généreux
Rougirait d'employer un détour si honteux.
Ils s'éloignent... Alors à sa cruelle amante,
Tancrède exprime ainsi l'ardeur qui le tourmente :

« Enfin nous voilà seuls, et je puis en ce jour
» Pour la première fois t'apprendre mon amour.
» Ce cœur, nourri de sang dans l'horreur des alarmes,
» N'a pu sans s'enflammer entrevoir tant de charmes.
» Si cet aveu t'offense, il est en ton pouvoir
» De m'ôter à la fois et la vie et l'espoir.

» Aussi-bien trop de maux sèment mon existence,
» Et la mort que j'implore est une récompense.
» Qu'attends-tu? La pitié peut-elle t'arrêter?....
» Crois-tu que cet amour, je puisse le dompter?
» Non, jamais!.... Au malheur sans cesse condamnée,
» Le ciel dès le berceau maudit ma destinée.
» Frappe, voilà mon sein : que ton glaive fumant
» Se plonge avec plaisir dans ce cœur palpitant ».
Il dit : de la colline à l'instant descendue,
Il voit fuir en désordre une troupe éperdue;
Les soldats d'Aladin errans de tous côtés,
Devant leurs ennemis fuyaient épouvantés.
Un barbare, un Chrétien apperçoit la guerrière....
Il lève sur sa tête une main meurtrière.
Tancrède voit le coup; et plus prompt que l'éclair,
A ce fer sacrilége il oppose son fer.
Mais il ne peut sauver celle qu'il idolâtre....
Quelques gouttes de sang teignent son col d'albâtre.
Son sein même est baigné de ce sang précieux,
Et la pourpre se mêle à l'or de ses cheveux.
Tel on voit sous les doigts d'un ouvrier habile,
Le rubis s'enchâsser dans l'opale docile.

Tancrède furieux, et le glaive à la main,
Se précipite et fond sur ce vil assassin.
Le lâche fuit.... Ainsi la colombe tremblante
Du monarque des airs fuit la serre sanglante.

Clorinde se retire, et dans son bouclier
Reçoit les javelots que lance le guerrier.
Son front audacieux insulte à la tempête....
Tel le roi des forêts, contraint à la retraite,
De ses rugissemens menace le chasseur,
Et dans la fuite encor conserve sa grandeur.
Mais déjà les Français, sous les murs de Solime,
Suivent imprudemment l'ardeur qui les anime.
L'infidèle aussi-tôt se replie avec bruit;
Autour des ennemis il forme un grand circuit.
Le brave Argant s'élance, et d'un bras homicide,
Fait mordre la poussière au Chrétien intrépide.
Dans les rangs confondu il s'ouvre des chemins;
Sa lance en mille éclats se brise dans ses mains;
Clorinde près de lui signale son courage.
Le brave Ardelion, appesanti par l'âge,
Ose la défier.... Il tombe, et ses deux fils,
Avec lui chez les morts descendent réunis.

TANCRÈDE, cependant, dont la rage trompée
A perdu la victime à ses coups échappée,
Reporte ses regards au milieu des combats.
Il voit que trop d'audace égare ses soldats:
Soudain il les rejoint. Une troupe aguerrie,
A l'aspect du danger vient défendre leur vie:
Renaud en est le chef; un aigle radieux
Brille au haut de son casque, et frappe tous les yeux.

À ce signe éclatant, la charmante Herminie
Reconnaît un héros, la terreur de l'Asie.
« Vois, dit-elle, Aladin, ce jeune chevalier;
» Les graces, la valeur, il sait tout allier.
» Hélas! il touche à peine à son quatrième lustre,
» Et de ses compagnons il est le plus illustre.
» Si parmi les Chrétiens il comptait des rivaux,
» Ton peuple aurait perdu le fruit de ses travaux.
» En vain tu défendrais les remparts de Solime:
» Le Nil, de leur courroux craignant d'être victime,
» Du tribut de ses eaux priverait l'univers
» Et cacherait sa tête au vaste sein des mers.
» Ils dicteraient des lois à la terre éperdue.
» On le nomme Renaud.... Porte plus loin ta vue:
» Ce héros, dont l'armure est d'un vert éclatant,
» C'est Dudon. Sa valeur fit pâlir le Croissant.
» Ses exploits, son grand cœur, et sa rare prudence,
» L'égalent aux guerriers soumis à sa puissance.
» Cet autre, que tu vois dressant un front altier,
» Et le corps revêtu d'une armure d'acier,
» C'est l'orgueilleux Gernand. Le Nord qui l'a vu naître
» Eleva son enfance, et doit l'avoir pour maître.
» Fier de ses dignités, rempli de ses aïeux,
» Il n'est point de mortel aussi présomptueux ».

Déja volent par-tout et la mort et la haine;
Le sang ruisselle au loin, et fume dans la plaine.

Renaud, le fier Tancrède enfoncent tous les rangs,
Et foulent sous leurs pieds les cadavres sanglans.
Argant lui-même, Argant tombe sur la poussière;
Et peut-être ce jour eût fini sa carrière,
Si l'aveugle hazard eut servi la vertu.
Le coursier de Renaud à l'instant abattu,
Engage sous son poids ce guerrier indomptable;
Mais Tancrède lui prête une main secourable.

ALORS les ennemis, tremblans et repoussés,
Vers les murs de Sion s'enfuyaient dispersés.
Argant résiste seul.... Clorinde le seconde;
Ils veulent rallier la troupe vagabonde,
Et de leurs boucliers protégeant les Païens,
Ils s'opposent encore aux efforts des Chrétiens.

L'IMPÉTUEUX Dudon, affamé de carnage,
Ouvre les ennemis, les immole à sa rage;
Il pousse son coursier sur le brave Almanzort,
Et d'un sommeil de fer l'infidèle s'endort.
Le robuste Algazar, malgré sa riche armure,
Aux vautours dévorans va servir de pâture.
Argant ne marche plus lui-même en sûreté;
Il frémit.... Mais cédant à sa férocité,
Il revient sur Dudon, et sa main aguerrie
Epuise dans son flanc les sources de la vie.

De l'implacable sort tels furent les décrets !
Une froide sueur se répand sur ses traits :
Trois fois son œil mourant veut chercher la lumière,
Trois fois un voile épais s'étend sur sa paupière;
Et le trépas bientôt brise tous ses liens.
Son farouche vainqueur gourmande les Chrétiens:
« Voyez-vous, leur dit-il, cette funeste épée,
» Que dans ce sang impur ma valeur a trempée?
» C'est celle que Bouillon daigna me confier.
» Apprenez-lui comment ce bras sait l'employer.
» La bonté du présent répond à sa richesse;
» J'espère que bientôt, fidèle à ma promesse,
» Je plongerai ce fer dans son cœur indompté ».
A ces mots outrageans, le Français irrité
S'élance contre lui.... Mais d'une course agile,
Aux pieds de ses remparts il trouve un sûr asyle.

SOUDAIN Renaud accourt. L'invincible guerrier
Veut punir de Dudon le lâche meurtrier.
« Amis, dit-il, eh quoi! vous balançez encore?
» Dudon, du sein des morts s'indigne et vous implore;
» Il demande vengeance; et nous, lâches soldats,
» Tranquilles spectateurs de ces assassinats,
» Nous pouvons modérer notre juste colère!....
» Ce fragile rempart, impuissante barrière,
» Sous nos coups réunis va tomber écroulé :
» J'en jure.... plus de sang n'aura jamais coulé.

» J'en atteste ce ciel qui défend l'innocence :
» Argant perdra bientôt son horrible existence.
» Cédons dans ce grand jour à la voix du Très-Haut,
» C'est lui qui nous protège et nous guide à l'assaut ».
Ses compagnons alors, réchauffés de son zèle,
Volent sans hésiter à la ville infidelle.
Mais Renaud les devance. Il brave tous les traits;
Et sans doute qu'Argant eût payé ses forfaits,
Si le sage Garnier, ce ministre sévère,
Des ordres de Bouillon digne dépositaire,
Ne fût venu calmer sa fougueuse valeur.
« Mettez, brave guerrier, un frein à votre ardeur.
» Modérez-vous... Bouillon par ma voix vous l'ordonne.
Renaud suspend ses coups; mais son grand cœur frissonne.
Il cède en murmurant à cet ordre sacré;
Et d'un sombre dépit il paraît dévoré.
Le Chrétien se retire, et des amis fidèles
Enlèvent de Dudon les dépouilles mortelles.

CEPENDANT Godefroi mesurant les remparts,
Sur la triste Sion promène ses regards.
Elle a de trois côtés un accès difficile.
Un vallon les sépare et partage la ville :
De ravines, de tours et d'un mur escarpé,
Le quatrième, moins sûr, s'élève enveloppé;
Au-dedans, des ruisseaux et des sources d'eau vive,
Offrent au Sarrazin leur onde fugitive;

Mais au-delà des murs s'étend un long désert,
Noirci par le soleil, et de sables couvert.
Jamais sur ce rivage aride et sans culture,
On ne vit les présens de la belle Nature.
On n'y respirait point le doux parfum des fleurs.
Quand l'été répandait ses ardentes chaleurs,
On n'y pouvait goûter dans un riant bocage
Ni le prix du repos, ni le frais de l'ombrage.
Seulement, et plus loin, une épaisse forêt,
Dans le creux d'un vallon s'élevait en secret.
La tristesse et l'horreur habitaient avec elle.
Jamais on n'y jouit des chants de Philomèle;
Et des hiboux affreux, de sinistres corbeaux,
De leurs cris effrayans y troublaient les échos.

Du côté que Phébus en se levant éclaire,
Le Jourdain roule en paix son onde salutaire.
La mer à l'Occident mugit, et son courroux
Se brise, et vient mourir sur un lit de cailloux.
Au Nord paraît Béthel, dont le peuple volage,
Adressait au Veau d'or un criminel hommage;
Et Bethléem, berceau du divin Rédempteur,
Se montre à ce côté, d'où le ciel en fureur
Verse sur les mortels la pluie et les tempêtes,
Et dirige la foudre errante sur leurs têtes.

Tandis que Godefroi considère Sion,

Et que, donnant des pleurs à son oppression,
Il s'arrête aux moyens pesés dans sa sagesse,
Son air majestueux a frappé la princesse.
Elle le montre au roi. « Regarde ce guerrier,
« Dit-elle, c'est Bouillon; couvert d'or et d'acier,
» Il cache sous leur poids le plus grand caractère.
» De ses braves soldats c'est le dieu tutélaire.
» Vraiment né pour l'empire et seul fait pour régner,
» Il ne se borne pas aux lois qu'il sait donner;
» On le trouve par-tout. Ses vertus, sa prudence,
» Maintiennent dans le camp l'ordre et l'intelligence.

— » Je le connais, princesse, et je l'ai vu jadis.
» Ambassadeur du roi qui commande à Memphis,
» A la cour des Français je fus dans ma jeunesse;
» Bouillon dans les tournois signalant son adresse,
» A peine à son aurore en obtenait les prix;
» Il attirait déjà tous les regards surpris:
» Moi-même j'admirais ce prince magnanime.
» Pouvais-je croire alors qu'un jour devant Solime,
» Il viendrait apporter le ravage et la mort?....
» Mais comment pénétrer les caprices du sort?
» Que j'en fais aujourd'hui la triste expérience »!

Il se tait à ces mots; puis rompant le silence:
« Quel est donc ce guerrrier qui marche son égal?
» — C'est Baudouin, son frère et son digne rival.

» Cet autre, c'est Raymond.... Ce vieillard vénérable,
» Sous des cheveux blanchis porte un cœur indomptable.
» Sage dans le conseil, hardi dans les combats,
» Tes troupes ont encor à redouter son bras.
» Voilà Guelfe.... Il naquit dans la froide Réthie;
» Sous son sceptre orgueilleux cet état s'humilie.
» Mais je n'apperçois point mon farouche vainqueur;
» Bohemon, d'Antioche injuste usurpateur ».

GODEFROI, cependant, va rejoindre l'armée.
Sur le sort de Dudon sa tendresse alarmée,
Le conjure de rendre à ce corps précieux,
Des suprêmes honneurs et des devoirs pieux.
Il approche; il le voit sur un lit funéraire,
Que relève l'éclat d'une pompe guerrière:
Ses parens, ses amis autour de lui rangés,
Par de stériles pleurs ne sont point soulagés.
Bouillon seul est serein; sa douleur concentrée
Respecte les ennuis de la foule éplorée.
Il se tait un moment, captive ses sanglots,
Et d'une voix émue il prononce ces mots:
« O généreux Dudon! ce n'est point sur ta cendre
» Qu'à de honteux regrets nos cœurs doivent descendre.
» Tu n'es mort ici-bas que pour vivre à jamais
» Dans le brillant séjour d'une éternelle paix.
» Le Très-Haut, en brisant ta demeure fragile,

» Près de lui, dans son sein, te donne un doux asyle.
» Heureux de son bonheur, ivre de volupté,
» Tu nages dans les flots d'une pure clarté.
» Eloigné des périls de ce monde funeste,
» La mort rompt les liens de ton ame céleste.
» Et pourquoi maintenant serions-nous abattus,
» Quand tu goûtes enfin le prix de tes vertus?
» Tu pourras protéger nos armes triomphantes;
» Du barbare Aladin les cohortes sanglantes
» Fuiront au seul aspect de nos sacrés drapeaux.
» Nous allons sous tes yeux couronner nos travaux.
» Bientôt victorieux nous irons dans les temples,
» En louant ta valeur rappeler tes exemples ».
Ainsi parla Bouillon. Déjà du haut des airs,
La nuit d'un voile obscur entourait l'univers.
Des amis de Dudon la douleur étouffée,
S'appaise par degrés sous l'aîle de Morphée.
Mais leur chef occupé de ses vastes projets,
Ne peut d'un doux sommeil savourer les bienfaits.
Si-tôt que le soleil ranimant la nature,
De ses premiers rayons a doré la verdure,
Il se lève, et se rend au convoi de Dudon.

Un cercueil de cyprès presse son compagnon.
Dans son dernier asyle on le pose en silence:
Les prêtres, du Très-Haut implorent la clémence,
Ils bénissent la tombe; et leurs concerts pieux

Se perdent lentement sous la voûte des cieux.
Des armes aux Persans par Dudon arrachées,
Aux branches d'un palmier paraissent attachées.
Et sur le tronc de l'arbre on imprime ces mots :
Ci-gît Dudon.... Passant, respecte ce héros.

Après avoir rempli ce triste ministère,
On songe à préparer des instrumens de guerre.
Un bois voisin du camp en fournit les moyens.
Tout pleins du même espoir, les travailleurs Chrétiens
Font trembler sous les coups de la lourde coignée,
Cette immense forêt par le temps épargnée.
Le cèdre, dont le front s'élançait dans les cieux,
Le peuplier sacré, le chêne audacieux
Qui bravèrent cent fois la foudre et les orages,
De la hache cruelle éprouvent les outrages.
Déjà, perçant l'horreur de ce sombre séjour,
Ses coups précipités y font entrer le jour.
Tout tombe, tout frémit. La Dryade éplorée
Abandonne à regret sa demeure sacrée.
Et les hôtes divers de ces bois insultés,
De leurs antres profonds sortent épouvantés.

FIN DU CHANT TROISIÈME.

LA
JÉRUSALEM DÉLIVRÉE.
CHANT QUATRIEME.

SOMMAIRE

DU CHANT QUATRIEME.

Les Démons se rassemblent et forment un conseil. Discours de leur sombre monarque. Armide, nière d'Hydraot, se rend au camp de Godefroi, et par ses discours artificieux enflamme les principaux guerriers. Le sage Bouillon résiste seul à ses charmes, mais cédant aux vœux empressés de l'armée, il accorde à la belle princesse le secours qu'elle lui demande. Moyens qu'elle emploie pour séduire ces héros et satisfaire sa vengeance..

CHANT QUATRIÈME.

TANDIS que le soldat construit avec courage
Ces instrumens divers d'horreur et de carnage,
L'implacable ennemi des mortels et des dieux
Lance sur ses travaux des regards furieux.
Son œil n'est allumé que des feux de la haine;
Il se débat en vain sous le poids de sa chaîne.
Le zèle des Chrétiens redouble ses tourmens;
Sa colère s'exhale en longs mugissemens,
Et, cédant aux transports d'un aveugle délire,
De ses sanglantes mains lui-même se déchire.

BIENTOT son ame atroce ourdit de noirs complots;
Il réserve aux Chrétiens les plus cruels fléaux.
Sa voix a retenti par-delà le Tartare,
Et convoque à l'instant tout son sénat barbare.
L'insensé ! dans les fers, le prix de ses forfaits,
Il pense du Très-Haut balancer les décrets !
Son orgueil indompté retrace à sa mémoire
Le triste souvenir de son antique gloire;
Et le front sillonné par le foudre vengeur,
Il ose encor nourrir un espoir séducteur !

Les lugubres clairons de l'empire des mânes
Rassemblent aussi-tôt leurs phalanges profanes;
Leurs sinistres accens épouvantent les airs,
Et grondent sourdement dans le creux des enfers.
Les échos souterrains prolongent leur murmure;
Tels, dans ces monts brûlans, effroi de la nature,
Des torrens sulfureux s'embrasent à grand bruit
Et roulent au milieu d'une éternelle nuit.
Soudain les habitans de ces sombres royaumes,
Les larves gémissans et les pâles fantômes,
A pas précipités accourent tour à tour.....
Ciel! quels spectres hideux peuplent ce noir séjour!
Les uns avec effort, de leur bouche enflammée
Vomissent des torrens de feux et de fumée;
La Terreur et la Mort respirent dans leurs yeux;
Un Dragon traîne ici ses anneaux écailleux.
Des Centaures, des Sphinx, des Gorgones immondes
Abandonnent plus loin leurs cavernes profondes.
Jamais dans le sommeil le malade égaré,
De monstres plus affreux ne se vit entouré.

Sur des trônes de fer tout le sénat se place;
Assis au milieu d'eux Lucifer les surpasse.
Il leur donne des lois. Un sceptre souverain,
Symbole de son rang, s'agite dans sa main;
Son front est surmonté de cornes menaçantes.
Tel opposant sa base aux vagues écumantes,

Au rivage des mers un rocher sourcilleux,
Insulte à leur courroux et menace les cieux;
Perçant la profondeur de ces voûtes funèbres,
Ses regards foudroyans brillent dans les ténèbres;
Une barbe hideuse embrasse son menton,
Ses yeux sont abreuvés d'un funeste poison;
Et d'un sang empesté sa bouche dégoûtante,
S'ouvre comme le sein d'une fournaise ardente.

De cette bouche impure un souffle empoisonné
Se répand sur les flots de l'Erèbe étonné.
Tel l'Ethna dévorant, sur le sol qu'il consume,
Roule des rocs, des feux, du soufre et du bitume.
Il parle, tout se tait. Pour la première fois
Cerbère en frissonnant retient sa triple voix;
Immobile d'horreur le Cocyte s'arrête,
L'abîme est enchaîné, l'hydre même est muette;
Et du noir Achéron les gouffres frémissans
Retentissent au loin de ces tristes accens:

« Dieux de l'enfer! ô dieux, qu'un monarque barbare
» A plongés dans la nuit du ténébreux Tartare,
» Vous qui, placés jadis dans la sphère du jour,
» De ce vaste univers embrassiez le contour:
» Vous, légions d'esprits, substances immortelles,
» De mes rares exploits les compagnes fidelles,

» Je ne veux point rouvrir la source de nos pleurs,
» Ni d'un tyran jaloux retracer les noirceurs;
» Assis au haut des cieux, sur tout ce qui respire
» En arbitre suprême il étend son empire,
» Et jouit sans péril dans ces lieux fortunés,
» Des honneurs que le sort nous avait destinés.
» Hélas! ce même sort trahit notre vengeance,
» Et de notre vainqueur seconda l'espérance.
» Au lieu de ce soleil, de ces globes brillans,
» Dont nos bras dirigeaient la marche et les élans,
» Un abîme fatal devint notre partage,
» Et des feux dévorans notre seul apanage.
» O triste souvenir! ô remords déchirans!
» Combien vous accroissez l'horreur de nos tourmens!
» Ce n'était point assez qu'un despote implacable
» Appesantît sur nous son pouvoir redoutable....
» Il créa les humains, et son cœur généreux
» Promit à leur néant un avenir heureux.
» L'ingrat nous préféra ces nouvelles substances,
» Ces êtres moins parfaits que nos pures essences.
» Bien plus, pour expier de frivoles erreurs,
» Dans le sang de son Fils il lava leurs fureurs.
» Il est venu, ce Fils; dans sa vaste carrière,
» De nos sombres états il força la barrière;
» Et chargé malgré nous d'un butin glorieux,
» Dans son vol triomphant il regagna les cieux....

» Mais que nous sert, amis, au sein de l'infortune,
» D'exhaler vainement une plainte importune?
» L'univers a connu la honte et les affronts
» Que sa croix odieuse imprima sur nos fronts.
» Suspendit-il jamais le cours de ses conquêtes?
» N'a-t-il pas sur nous seuls rassemblé les tempêtes?...
» Cependant oublions d'anciens ressentimens;
» Pour les renouveller il est d'autres momens.
» De l'Europe déjà, franchissant les limites,
» Son orgueil dans Sion cherche des prosélytes.
» Il veut que son pouvoir, dans l'Asie adoré,
» Par d'esclaves nouveaux soit encor révéré.
» Et nous supporterions cet excès d'arrogance!
» Nous, dans l'oisiveté, dévoués au silence,
» Nous verrions sans horreur ce Messie insolent,
» Promener ses drapeaux de l'aurore au couchant!
» Nous verrions cent climats subjugués par ses armes,
» Nos temples écroulés, nos sujets dans les larmes!
» Sur les tristes débris de nos autels fumans,
» D'un peuple fanatique il recevrait l'encens!
» Et moi, roi sans états, traité comme un rebelle,
» Succombant sous le poids d'une vie immortelle,
» Sans culte, sans honneurs, errant, chargé de fers,
» Je donnerais des lois à d'immenses déserts!...
» Ah! j'en conçois enfin le favorable augure;
» Ma valeur confondra cette secte parjure.

» Non, il n'est point éteint, il vit encore en nous
» Cet orgueil qui brava le céleste courroux !
» Accablons de nos traits l'ingrat qui nous dédaigne ;
» Si le ciel nous bannit, que la terre nous craigne.
» On ne nous verra point en esclaves soumis
» Composer lâchement avec nos ennemis.
» La gloire a ses revers ; ce n'est point le courage
» Qui sur nos légions leur donna l'avantage :
» Et si ce grand projet a pu nous abuser,
» C'en est assez pour nous que d'avoir pu l'oser.

» Vous, mes dignes amis, remplissez mon attente ;
» Etouffez au berceau cette flamme naissante
» Qui dans la Palestine a soufflé ses poisons ;
» Prévenez des Chrétiens les lâches trahisons ;
» Employez tour à tour et la force et l'adresse....
» Que, séduits par les sens, plongés dans la mollesse,
» Les uns, loin des combats, dans le sein des amours,
» Usent obscurément le tissu de leurs jours ;
» Que l'affreuse discorde, et que la jalousie
» Se fixent désormais dans les champs de l'Asie ;
» Qu'à la pâle clarté de leur hideux flambeau,
» Ce peuple que je hais creuse enfin son tombeau....
» Au gré de mes desirs employez les prestiges,
» Et de ce camp impur effacez les vestiges ».

Il dit, et le conseil applaudit à sa voix ;

Les esprits infernaux s'élancent à la fois.
Tels les vents mutinés, de leurs grottes profondes,
S'échappent en fureur sur l'empire des ondes.
O Muse! redis-moi quels tourmens rigoureux
Ils firent éprouver aux Chrétiens malheureux;
De leur art criminel dévoile-moi la trame,
Et que la vérité descende dans mon ame.

TRANQUILLE possesseur de ses vastes états,
Hidraot occupait le trône de Damas:
Au sortir de l'enfance, instruit dans la magie,
Ce prince en attendait le bonheur de sa vie.
Jouets de leurs erreurs, les stupides mortels
Cherchent à pénétrer les décrets éternels:
Chaque jour, chaque instant accroît leur ignorance....
Hidraot égaré par sa vaine science,
A lu dans l'avenir que la fière Sion
Réserve le trépas aux guerriers de Bouillon.
Il voit l'Egyptien, au faîte de la gloire,
Sur de faibles soldats remportant la victoire....
Mais de ses ennemis il connaît la valeur:
Et, voulant décider le sort en sa faveur,
Il forme tour à tour mille projets funèbres....
Quand bientôt inspiré par l'ange de ténèbres,
Son cœur irrésolu s'arrête avec plaisir
Sur le hardi dessein qu'il brûle d'accomplir.

Il avoit une nièce à peine en son aurore;
Elle unit dans ses traits à la fraîcheur de Flore
Les yeux du tendre Amour, le souris de Vénus,
Et de la jeune Hébé les appas ingénus.
Tout l'espoir d'Hidraot se repose sur elle.

« Armide, lui dit-il, ma compagne fidelle,
» Cher objet de mes soins, qui sous des traits charmans
» Caches une prudence au-dessus de tes ans,
» Qui de mon art fatal possèdes tous les charmes,
» Daigne favoriser le succès de nos armes.
» Ma gloire est dans tes mains, et tu peux sans effort
» Fixer en ma faveur l'inconstance du sort.
» Je laisse aux immortels le soin de te conduire.
» Vole au camp des Chrétiens; et là, pour les séduire,
» Fais briller tout l'éclat de ta rare beauté;
» A ces cœurs endurcis offre la volupté:
» Son magique pouvoir commande à la nature;
» Elle amollit l'airain de l'ame la plus dure.
» Epuise, s'il le faut, les secrets de l'amour:
» Gémissante, éplorée et vive tour à tour,
» Enerve la fierté de cette troupe impie:
» Par tes piéges divers qu'elle soit amollie.
» Tantôt, à leur aspect, les yeux baignés de pleurs,
» Donnant un libre cours à de feintes douleurs,
» Tu ne rougiras point d'employer la prière:
» Puis, relevant sur eux ton humide paupière,

» Par des sons étouffés commençant ton discours,
» Ta voix réclamera leur généreux secours.
» Tantôt, de la pudeur empruntant le langage,
» Un coloris plus frais ornera ton visage.
» Que Godefroi, sur-tout, épris de tes regards,
» Oublie en te voyant son culte et les hazards.
» S'il peut te résister, porte ailleurs ton adresse,
» Achève le complot ourdi par ma vieillesse;
» Que ces fameux guerriers dont je crains le courroux,
» Subjugués sans retour, tombent à tes genoux.
» Allume leurs desirs en resserrant leurs chaînes:
» Une fois à ton char, dans des plaines lointaines,
» Sous des prétextes vains précipite leurs pas,
» Et venge par leur mort les dieux et nos états.
» Dissimuler ainsi ne saurait être un crime :
» Quand on sert son pays, tout devient légitime ».

La princesse à ces mots fait un léger souris.
Déjà de ses succès elle goûte le prix;
Et si-tôt que la nuit, en déployant ses voiles,
A semé dans les cieux l'or brillant des étoiles,
Elle sort de Damas par des sentiers secrets,
Et n'oppose aux périls que ses divins attraits.

Les coursiers de Phébus sortaient de l'onde amère...
Du camp des ennemis elle voit la barrière.

Un murmure confus s'élève à son aspect.
Les guerriers étonnés et saisis de respect,
S'empressent autour d'elle.... Ainsi, quand dans l'espace
De l'Ether radieux sillonnant la surface,
La comète déploie avec rapidité
De ses cheveux flottans la soudaine clarté,
Le mortel ébloui de sa vive lumière,
D'un œil mal assuré la suit dans sa carrière.
Jamais Gnide ou Delos, dans leurs bosquets rians,
Ne virent tant d'appas, ni des traits si touchans.
Armide eut éclipsé la belle Dionée,
Quand visitant jadis son île fortunée,
Sur un char entouré de volages zéphyrs,
Elle y venait goûter de terrestres plaisirs.

PEINTRE cher à Vénus, docte et sublime Apelle,
Que n'ai-je en ce moment ta palette immortelle!
Que ne puis-je, échauffé par ton feu créateur,
Animer dans mes vers cet objet enchanteur!
Un tissu précieux couvre sa chevelure;
Quelquefois, échappant à sa prison obscure,
Elle roule en anneaux sur les lis de son sein....
Ainsi, lorsque le ciel devient pur et serein,
L'astre éclatant du jour voilé par un nuage,
De ses sombres vapeurs lentement se dégage,
Et des airs qu'il épure, en monarque indompté
Son disque étincelant remplit l'immensité.

Le zéphyr, se jouant dans ses tresses flottantes,
Glisse d'un vol léger sur leurs ondes mouvantes.
Avare des trésors du plaisir et des siens,
Son œil, sans se fixer, erre sur les Chrétiens:
Ses lèvres de corail, siége d'un doux sourire,
Des Amours enfantins sont l'immuable empire;
Et sa bouche que pare un modeste incarnat,
Respire en s'entr'ouvrant un souffle délicat.
Sur son teint dont la fleur brille à peine mi-close,
L'albâtre le plus pur se mêle avec la rose;
Sa gorge étale encor une vive blancheur.
C'est-là que le plaisir se promène en vainqueur:
C'est-là que, reposant sur deux globes d'ivoire,
Le jeune dieu des cœurs s'applaudit de sa gloire.
C'est de-là qu'aux mortels frappés de tant d'attraits,
Il se plaît à lancer d'inévitables traits.
Sur ses autres appas une robe abaissée
Arrête les regards, mais charme la pensée,
Qui, forçant à son gré ces obstacles jaloux,
Et s'égare et se perd sur des objets plus doux.
Ainsi sur des ruisseaux un rayon de lumière,
Du mobile crystal pénètre la barrière,
Et sans le diviser y réfléchit ses feux.

Armide se promet un succès glorieux.
Vaine de son pouvoir, jalouse de ses charmes,
Elle veut, employant la prière et les larmes,

Atteler à son char les guerriers de Bouillon.
Eustache l'apperçoit. Semblable au pavillon
Qui d'un flambeau nocturne aimant l'éclat perfide,
S'élance vers la mort où son erreur le guide;
Il vole à sa rencontre.... Alors un feu soudain
Plus actif que l'éclair, court embraser son sein,
Et cédant aux transports d'une ardente jeunesse,
Il aborde, en ces mots, la charmante princesse :
« Madame, quel bonheur vous conduit en ces lieux?
» Parlez : dans notre camp le sort impérieux
» Vous aurait-il réduite à chercher un asyle?
» Trop heureux si mon bras pouvait vous être utile!
» Que dis-je?.... Pardonnez à la témérité
» De l'indiscret aveu que mon cœur a dicté.
» Jamais à ce degré l'auteur de la Nature
» N'embellit de ses dons sa faible créature.
» Venez-vous rassurer les mortels effrayés?
» Nommez-vous, ô déesse, et je tombe à vos pieds ».

— « Ah! Seigneur, louez moins une beauté vulgaire.
» Vous ne voyez, hélas! qu'une femme ordinaire,
» Victime du malheur qui s'attache à ses pas....
» Un barbare ennemi m'enlève mes états.
» Etrangère aux plaisirs, fugitive, abattue,
» Je promène par-tout la douleur qui me tue.
» Sans amis, sans secours, pleine d'un juste effroi,

» Je venais dans son camp, implorer Godefroi.
» O vous, qui paraissez porter un cœur sensible,
» Touchez en ma faveur ce guerrier invincible;
» Que je puisse moi-même, admise auprès de lui,
» Implorer par ma voix son généreux appui » !

— « Princesse, de Bouillon reconnaissez le frère:
» Bannissez vos ennuis, tout vous sera prospère;
» Oui, j'ose en concevoir le présage certain.
» Eh! quel est le mortel, ou de marbre, ou d'airain,
» Qui verrait d'un œil sec la beauté dans les larmes!...;
» Il emploîra pour vous ses triomphantes armes.
» Venez : qu'un doux espoir, garant de vos succès,
» Redonne enfin le calme à vos jeunes attraits ».
Il dit; et vers Bouillon il conduit la princesse.
Une vive gaîté remplace sa tristesse.
A l'aspect du héros une feinte roug ur
Colore de son front l'éclatante blancheur.
Trois fois elle s'incline, et sa voix ingénue
Porte dans tous les cœurs une atteinte inconnue:
« Prince chéri du ciel, vainqueur de tant de rois,
» Qui s'honorent des fers que leur donnent tes lois,
» Des foudres de nos dieux sacré dépositaire,
» Qui couvres l'univers de ton bras tutélaire,
» On aime ta clémence; et tes fiers ennemis
» De tes rares vertus connaissent tout le prix.

» DANS un culte étranger je reçus la naissance;
» Mais j'ose en ta bonté placer ma confiance,
» Et réclamer ton bras contre un vil imposteur,
» Des états de mon père injuste usurpateur.
» Le traître me bannit.... Elevé sur mon trône,
» Il insulte à mes maux, et porte ma couronne.
» D'autres, de leurs amis implorent le pouvoir....
» Moi, sur un ennemi je fonde mon espoir.
» Oui, ce n'est pas en vain qu'une jeune princesse,
» De son sexe timide abjurant la faiblesse,
» Viendra jusqu'à tes pieds allumer ton courroux....
» Le tyran que je hais va tomber sous tes coups.
» Image de ces dieux qu'on adore en silence,
» Ton ame à leur grandeur unit leur bienfaisance;
» Et mon trône abattu, relevé par tes mains,
» Te rendra la terreur et l'amour des humains.

» PEUT-ÊTRE le destin qui poursuit ma jeunesse,
» Préviendra contre moi ton austère sagesse;
» Peut-être ma croyance à tes yeux prévenus
» Fera taire pour moi le cri de tes vertus!
» Hélas! si motivant tes refus d'un saint zèle,
» Implacable ennemi d'une secte infidelle,
» Je perdais sur ton cœur les droits de la pitié;
» Si tu voyais en vain ce front humilié,
» Blesser à tes genoux l'orgueil du diadême....
» Mais j'atteste du ciel la justice suprême;

» J'en atteste ce dieu que j'adore avec toi;
» Ce dieu dont ta fortune a propagé la loi,
» Que jamais, non jamais, une cause plus juste
» Ne mérita l'honneur de ton secours auguste.
» Un parent criminel me ravit tous mes droits....
» Que tes guerriers, Seigneur, s'unissent à ta voix.
» En dirigeant leurs traits contre un prince perfide,
» Tu deviens magnanime et non pas homicide.
» Seul, tu peux arrêter ses complots factieux.
» Quand on punit la fraude, offense-t-on les dieux?
» Mes malheurs terminés ajoutent à ta gloire....
» Mais pour mieux t'en convaincre, écoutes-en l'histoire:

» ARBILLAN fut mon père: il régna sur Damas.
» Né loin de ce haut rang, et parmi des soldats,
» La belle Chariclée, au printemps de sa vie,
» Par les nœuds de l'hymen à son sort fut unie.
» En lui donnant sa main elle le fit asseoir
» Sur ce trône fameux, dont je devais décheoir.
» O douleur!.... Je naquis; mais le destin sévère,
» En me donnant le jour, le ravit à ma mère;
» Et la fatalité qui creusa son tombeau,
» Enchaîna le malheur auprès de mon berceau.
» Mon père infortuné, détestant l'existence,
» Consolait ses ennuis en formant mon enfance.
» Enfin, appesanti par l'âge et les regrets,
» Il mourut, emportant l'amour de ses sujets.

» J'avais alors cinq ans. Une amitié sincère
» Unissait Arbillan à son coupable frère.
» Sa tendresse, ses dons, l'assuraient de sa foi,
» Si les mortels ingrats en connaissaient la loi.
» C'est à lui qu'il remit l'empire de Syrie,
» En le chargeant du soin de veiller sur ma vie.
» Ce père vertueux fut loin de soupçonner
» Le monstre auquel sa mort allait m'abandonner.

» CHARGÉ de ce dépôt, son ame mercenaire
» Dissimula d'abord un projet sanguinaire....
» Cependant je croissais, et ses feintes vertus
» De l'estime publique usurpaient les tributs.
» Bientôt au désespoir je me vis condamnée;
» Il voulait à son fils joindre ma destinée,
» Sur ce sang avili transporter tous mes droits,
» Et dégrader ainsi le bandeau de cent rois.

» ET quel fils, juste ciel!.... Sous un aspect sauvage,
» Le vice respirait sur son affreux visage.
» Corrompu dans ses mœurs, composé monstrueux
» De ce que les forfaits ont de plus odieux,
» Aux lois de la vertu dès l'enfance indocile,
» Le crime seul régnait dans son ame servile....
» Et c'était là l'époux qu'un fidèle tuteur
» Avait daigné choisir pour faire mon bonheur.

» Je devais, à l'entendre, accueillir sa tendresse,
» Par un heureux hymen répondre à son ivresse....
» Que n'employa-t-il point pour former ces beaux nœuds!
» Ruse, prière, adresse et discours captieux,
» Il ne négligea rien.... Mais un morne silence,
» Un souris méprisant trahit son espérance....
» Un jour enfin, un jour, blessé de mes dédains,
» Il laissa transpirer ses coupables desseins.
» Sur ce front ténébreux, symbole de son ame,
» De ses noirs attentats je crus lire la trame.
» Il sortit du palais, égaré, furieux,
» La menace à la bouche, et le feu dans les yeux.

» A l'heure de la nuit, où ses voiles plus sombres
» En redoublant l'horreur épaississent les ombres,
» Des songes effrayans troublèrent mon repos :
» Tantôt d'un sang impur je vis couler les flots;
» Tantôt de pâles feux sortant d'un mausolée,
» Me laissaient entrevoir une ombre désolée....
» Je la fixe.... et bientôt je démêle ses traits.
» De ma mère souvent j'avais vu les portraits;
» C'était elle en effet.... Une pâleur funeste
» Ternissait de son teint le coloris céleste.
» De ses divins appas l'assemblage adoré,
» Par la faux du trépas était défiguré....
» Fuis, me dit-elle, fuis loin d'une cour parjure,
» Ma fille! fuis des lieux que souille l'imposture;

» Et sans plus différer, pars, si le jour t'est cher....
» Le poison se prépare.... Un homicide fer
» Etincelle déjà dans le sein des ténèbres.

» Je m'éveille en sursaut.... Ces images funèbres
» Me poursuivent par-tout, s'attachent à mes pas....
» Cependant, je n'osais sortir de mes états.
» A de honteux conseils me serais-je abaissée?
» Comment, si jeune encore, errante et délaissée,
» Mendier la pitié d'un nouvel univers?....
» Je souhaitais la mort pour finir mes revers;
» Et, malgré le péril, l'amour de la patrie
» M'enchaînait aux climats où je reçus la vie.
» Tel qu'un infortuné qui, jouet de l'erreur,
» Croit voir dans le sommeil un poignard sur son cœur,
» Je foulais en tremblant les bords du précipice....
» Enfin, soit que le ciel touché de mon supplice,
» Voulût flatter mon ame, ou suspendre mes maux;
» Soit qu'il me réservât à des dangers nouveaux,
» De mon père, une nuit, j'apperçus le ministre.

» Il s'avance vers moi.... Ses traits, son air sinistre,
» Ses regards incertains, tout me glace d'effroi....
» Je veux l'interroger.... Il m'apprend que le roi
» Décide mon trépas, et qu'il m'a condamnée
» A boire dans le jour la coupe empoisonnée;

» Mais qu'il faut profiter d'un moment précieux;
» Qu'il faut à l'instant même abandonner ces lieux.
» Il m'offre son secours, me flatte, m'encourage :
» Alors je me résous à quitter ce rivage....
» Une profonde nuit seconde mes projets....
» Avec deux écuyers je sors de mon palais,
» Je m'éloigne à jamais d'une terre odieuse,
» D'où le crime bannit la vertu malheureuse.

» CEPENDANT, l'avoûrai-je? un pouvoir inconnu
» Commandait en tyran à ce cœur prévenu.
» A l'opprobre, à la mort je dérobais ma tête;
» Et pourtant, malgré moi, dans mon ame inquiète,
» L'amour de mon pays régnait avec fierté.
» Ainsi, quand sur les flots de Neptune irrité,
» De pâles nautoniers, menacés d'un naufrage,
» Contre les aquilons luttent avec courage,
» Ils regrettent le chaume où de ces premiers feux
» L'astre générateur vint éblouir leurs yeux.
» Cet ami vertueux qui m'écarta du piége,
» Aronte m'accompagne, et son bras me protège.
» Nous arrivons enfin à l'un de ses châteaux....
» Là, je goûte un moment les douceurs du repos.
» Le traître apprend ma fuite : il voit que la victime
» Echappe au coup mortel, et se rit de son crime;
» Il charge Aronte et moi de ses propres forfaits.
» Il dit que ce guerrier, séduit par mes bienfaits,

» Devait lui préparer un perfide breuvage ;
» Mais que les justes dieux l'ont sauvé de sa rage.
» Que j'ai voulu sa mort pour m'épargner l'ennui
» D'un censeur importun, mon plus solide appui ;
» Que par de vils penchans tour à tour abusée,
» J'offre à tous mes amans une conquête aisée....
» Sainte pudeur ! plutôt que d'enfreindre tes lois,
» Que cent foudres vengeurs me frappent à la fois !....

» Si le monstre, affamé des trésors de mes pères,
» Tournait contre mon sein ses armes meurtrières;
» Si d'un sang qu'il abhorre il veut tarir le cours,
» Et couronner son fils aux dépens de mes jours;
» Sans crainte et sans regret je lui donne une vie,
» Par l'excès du malheur dès long-temps poursuivie,
» Mais que d'un souffle impur flétrissant ma vertu,
» Il plonge le couteau dans ce cœur abattu;
» Je l'avoûrai, Seigneur, ce mensonge exécrable,
» Quoiqu'indigne de moi, me pénètre et m'accable.
» Le tyran craint encor mes fidèles sujets;
» Dans la nuit du mystère il cache ses projets.
» Son courroux forcené s'exhale contre Aronte;
» Il partage, dit-il, mes écarts et ma honte;
» Et je dois expier au milieu des tourmens,
» L'oubli de ma naissance et mes égaremens.
» Mais parant sa fureur d'un prétexte homicide,
» Il veut jouir des biens dus à son parricide;

» Sur mon corps expirant affermir désormais
» Le trône qu'il m'arrache, et cacher ses forfaits.

» Peut-être que le sort protégeant sa vengeance,
» A ses traits quelque jour livrera l'innocence....
» Seigneur, à tes genoux je demande aujourd'hui
» Le trépas qui m'est cher, s'il ne vient pas de lui.
» Ou bien, si dans ce jour l'humanité sacrée
» Armait en ma faveur cette main révérée,
» Si le Dieu que tu sers permet à tes guerriers,
» En me rendant l'honneur, de cueillir des lauriers,
» Ah! qu'il me sera doux de devoir à leurs armes
» Mon sceptre, mes trésors, la fin de mes alarmes!
» Qu'avec ravissement je rendrai grace aux dieux
» De m'avoir obtenu leur secours précieux!
» Sur leur fidélité tout mon cœur se repose.
» Je ne demande point que pour servir ma cause,
» L'élite de l'armée entre dans mes états....
» Que dix de ces héros accompagnent mes pas:
» A leurs bras éprouvés la victoire est aisée »....

Elle dit et se tait..., Sa paupière abaissée
Laisse couler des pleurs qui mouillent son beau sein.
Tout parle en sa faveur; mais Bouillon, incertain,
De ces vils ennemis redoute l'artifice....
D'autres motifs pourtant, le cri de la justice.

Qui s'élève en son ame et commande à son bras
L'espoir de rétablir la reine de Damas,
De rendre à son pouvoir un trône légitime,
De servir le Très-Haut en punissant le crime;
Tous ses pensers divers se pressent dans son cœur.
Il n'ose se fixer.... Une morne stupeur
Décèle ses combats et son incertitude....
Armide est en suspens; et dans l'inquiétude,
Elle attend que Bouillon ait dicté son arrêt.
Il se décide enfin.... Mais ce n'est qu'à regret
Qu'il prononce un refus, sans doute nécessaire....

« PRINCESSE, si le Dieu que le Chrétien révère,
» Pour venger son saint nom ne nous avait commis,
» Vous nous verriez bientôt contre vos ennemis
» Déployer nos drapeaux, et par notre courage
» Remettre dans vos mains cet antique héritage:
» Mais le ciel, avant vous, a reçu nos sermens;
» Nous devons à lui seul compte de nos momens.
» Du pouvoir d'Aladin, déplorable victime,
» Un peuple gémissant nous appelle à Solime,
» Et borner aujourd'hui le cours de nos exploits,
» Ce serait être faible, et parjure à la fois.
» Je vous promets pourtant, que si de l'infidèle
» Nous étouffons jamais la secte criminelle;
» Que si des murs sacrés, objets de tous nos vœux,
» Ce fer peut éloigner un tyran furieux;

» Je vous promets, Madame, (et j'en donne d'avance
» Cette foi dont mon camp garantit l'assurance),
» Qu'alors, pour vous servir unissant mes soldats,
» Le traître vous rendra le trône de Damas.

Armide à ce discours, interdite, étonnée,
Les yeux baignés de pleurs, maudit sa destinée.
Son teint se décolore : une tendre pâleur
Sur son front nébuleux siège avec la douleur.
« O vous, qui vous jouez des pleurs de l'innocence,
» Dieux cruels, dont en vain j'implore la puissance,
» Impitoyables Dieux, je n'accuse que vous!
» Ne pourrai-je jamais fléchir votre courroux?
» Avant que les mortels cèdent à ma prière,
» Le Soleil s'éteindra dans sa vaste carrière;
» Mais je gémis en vain : le sort en est jetté....
» Sous l'astre impérieux de la fatalité,
» Il ne me reste plus, errante et vagabonde,
» Qu'à cacher mes regrets aux limites du monde.

» C'en est donc fait, hélas! le flambeau de mes jours,
» Sous le poids des revers va s'user pour toujours.
» Du ciel qui me poursuit, la maligne influence
» Dans le cœur d'un héros fait taire la clémence.
» Sur des sables brûlans, au milieu des forêts,
» Du moins j'éviterai le tyran que je hais....

» Epuise encor sur moi l'excès de ta furie,
» Implacable destin ; arrache-moi la vie !
» Cruel, quand je succombe à toute ta noirceur,
» L'espoir même, l'espoir ne peut flatter mon cœur !
» La foudre en serpentant sur les marches du trône,
» Sur mon front pâlissant a brisé la couronne....
» Partons sans différer de ces funestes lieux....
» Mais comment échapper à la clarté des cieux ?
» Où fuir ? Dans quel climat me frayer un passage ?
» Irai-je, sans asyle, au printemps de mon âge,
» De nouveaux ennemis supporter les dédains ?....
» Quelle impure lueur éclaire mes destins !....
» D'un fatal avenir je découvre l'aurore....
» Si tel est mon malheur, et s'il faut que j'implore
» Ce superbe ennemi qui me donne des fers,
» La mort m'affranchira de ce dernier revers.
» Par-tout je l'apperçois sur mes pas attachée....
» Bientôt à ma prison par le fer arrachée,
» Je saurai prévenir son impuissant courroux,
» Et sur les bords du Styx me rire de ses coups ».

Elle dit.... La fureur dans ses yeux étincelle :
Mais son dépit lui prête une grace nouvelle ;
Elle s'éloigne, hélas ! et veut dans son malheur,
Cacher à tous les yeux son trouble et sa douleur.
Inutiles efforts ! Ses paupières tremblantes
Laissent tomber encor quelques larmes brûlantes :

Aux premiers feux du jour, tel un lis odorant,
A la douce fraîcheur par degrés s'entr'ouvrant,
Epanouit son sein, se pare, se colore
Du souffle du Zéphyre et des pleurs de l'Aurore.

AMOUR, tout reconnoît ton pouvoir souverain;
Un seul de tes regards sait amollir l'airain.
Armide, de tes traits était dépositaire;
Elle reçut le don de toucher et de plaire.
Par de feintes douleurs les guerriers attendris,
Cèdent à leurs transports, remplissent l'air de cris.
« Il faut, se disent-ils, qu'un monstre sanguinaire
» Ait allaité Bouillon dans son affreux repaire;
» Sans doute l'Immaüs ou la mer en courroux,
» Le vomit, en naissant, sur un lit de cailloux:
» Le tigre, d'un refus outrage tant de charmes,
» Tandis qu'il peut d'un mot dissiper leurs alarmes! ».

LE jeune Eustache alors au nom de ces héros,
S'avance vers Bouillon et lui parle en ces mots.
« A nos desirs, Seigneur, tu serais insensible!
» Se peut-il qu'un moment te rende inaccessible
» Aux vœux de tes amis, à ceux de tes soldats;
» Ils ne demandent point que, quittant les combats,
» Ils puissent modérer le feu qui les anime,
» Ni retarder l'assaut préparé pour Solime....

» Mais nous qui, par respect, reconnoissant tes lois,
» Servons sous tes drapeaux et par goût et par choix,
» Il nous sera permis d'offrir à l'innocence,
» A la beauté timide, une prompte défense.
» En immolant un traître on combat pour le ciel:
» C'est dresser un trophée à l'Arbitre éternel;
» Je te dirai bien plus.... notre devoir l'ordonne.
» Un vil usurpateur, tranquille sur son trône,
» Savoure le repos, outrage un sang fameux....
» Et nous, indignes fils de nos dignes aïeux,
» Nous n'irons point saper son injuste puissance !....
» Quelle honte, grands dieux ! si jamais dans la France,
» Bords charmans, doux climat à l'amour consacré,
» Où tout porte les fers de ce sexe adoré,
» On disait qu'en ces lieux, au centre de l'Asie,
» Leurs frères avilis, sans mœurs, sans courtoisie,
» Dédaignent la beauté !.... que, peu compatissans,
» Leurs cœurs dégénérés sont sourds à ses accens !....
» Ah ! s'il en est ainsi, déposons la cuirasse:
» Puisqu'une lâche crainte affaiblit notre audace;
» Chimériques guerriers, quittons le champ d'honneur,
» Et ce fer réservé pour la seule valeur ».

Il dit.... Ses compagnons, d'une voix unanime,
Célèbrent hautement son dessein magnanime:
Ils pressent Godefroi de se rendre à leur vœux....
« Je cède enfin, dit-il, à vos desirs fougueux:

» Vous le voulez.... Eh bien ! cette belle étrangère
» Obtiendra de vous seuls le secours qu'elle espère;
» Mais si vous m'en croyez, loin de vous emporter,
» D'un succès trop douteux gardez de vous flatter».
Chacun à ce discours s'abandonne à la joie;
Sur leurs traits, dans leurs yeux, la gaîté se déploie;
Tous brûlent en secret de voler sur ses pas,
Et de la replacer au trône de Damas.

« Suspendez, disent-ils, ô charmante princesse !
» Suspendez vos chagrins.... qu'une vive alégresse
» Essuie enfin les pleurs que vous avez versés....
» Nous combattrons pour vous... Vos malheurs sont passés».
Armide cependant, triomphante et ravie,
Puise dans ce discours une nouvelle vie.
Ses regards plus sereins embellissent les cieux,
Et le feu du plaisir pétille dans ses yeux;
Puis, d'un ton enchanteur célébrant leur vaillance,
Elle s'appesantit sur sa reconnaissance;
Et, sous de faux dehors déguisant ses projets,
Aux guerriers imprudens elle tend ses filets.
Le bonheur lui sourit.... Sous ses heureux auspices,
Elle veut consommer les plus vils artifices;
Eclipser de Circé les noirs enchantemens;
A son char orgueilleux enchaîner mille amans;
Surprendre, caresser, endormir la sagesse,
Et ranimer les cœurs glacés par la vieillesse.

Son visage mobile avec art préparé,
Se compose, varie, et s'altère à son gré.
Quelquefois, sur son teint que l'incarnat colore,
S'étend une pâleur qui l'embellit encore.
Quelquefois ces regards plus brillans que l'éclair,
Ou ces traits enflammés qui sillonnent l'Ether,
Encouragent l'espoir du guerrier trop timide,
Retiennent l'indiscret, punissent le perfide.
Si d'un amant modeste elle voit la langueur,
S'il cherche à surmonter un sentiment vainqueur,
Un mot dit au hazard, un souris plein de flamme,
Vont rallumer l'ardeur qui s'éteint dans son ame.
Avare d'un coup-d'œil, si quelque audacieux
Ose trop librement lui déclarer ses feux,
Elle imprime à son front les traits de la colère:
L'Amour est alarmé; le guerrier téméraire
S'éloigne en gémissant, mais peut encore saisir
À travers les dédains, un rayon de plaisir.
Quelquefois à l'écart, les yeux chargés de larmes,
Un voile de douleur enveloppe ses charmes.
De ses tendres regrets, les héros affligés
Soupirent en silence autour d'elle rangés.
Mais soudain la gaîté dans ses traits étincelle,
Des pleurs ne mouillent plus son humide prunelle.
D'un vermillon nouveau, d'une teinte de fleurs,
Ses appas séduisans reprennent les couleurs.

Les doux sons de sa voix augmentent le délire,
Et fixent dans les cœurs le trait qui les déchire.

Enfant qui vis le jour pour nous persécuter,
Faut-il t'aimer, te fuir, te suivre, ou t'éviter?
Dieu charmant et léger, que l'univers adore,
Pourquoi donc ce bonheur, que tu sais faire éclore,
De crainte, de remords toujours empoisonné,
Accable-t-il l'esclave à tes pieds enchaîné?
Vainement la raison lui parle son langage...
Elle peut quelquefois écarter le nuage
Que ton bandeau fatal épaissit sur ses yeux;
Elle peut amortir ou tempérer tes feux,
Livrer mille combats à son cœur magnanime,
Mais non pas à tes coups dérober la victime.

Ainsi, passant par fois de la haine à l'amour,
De honte, de plaisir, abreuvés tour à tour,
Ces amans égarés et jouets d'un caprice,
Rampent sans murmurer au bord du précipice.
Quelquefois le dédain les glace de terreur;
Ou tantôt, revenus d'une frivole erreur,
Ils jurent d'étouffer un transport sacrilége.
Vains efforts.... Un regard les guide dans le piége.

Ce fut par ces détours et ses secrets liens
Qu'Armide à ses genoux fit tomber les Chrétiens.

Faudra-t-il s'étonner si jadis près d'Omphale
L'Amour sut amollir le vainqueur de Stimphale ;
Si des voiles honteux dans la cour de Scyros
Dérobèrent aux Grecs le plus grand des héros ;
Si Thésée, au mépris d'une chaîne sacrée,
Ravit à Ménélas une épouse adorée ;
Quand les Chrétiens armés pour venger l'Éternel,
Ternirent dans ses fers leur éclat immortel ?

FIN DU CHANT QUATRIÈME.

LA
JÉRUSALEM DÉLIVRÉE.
CHANT CINQUIÈME.

SOMMAIRE

DU CHANT CINQUIÈME.

COMBAT de Gernand et de Renaud. Gernand succombe. Renaud cède aux avis de Tancrède, et s'éloigne du camp. Armide part avec les dix guerriers qui lui sont accordés. Eustache et plusieurs de ses compagnons, abandonnent leurs drapeaux pour la suivre. Discours de Bouillon à son armée.

CHANT CINQUIÈME.

TANDIS que de Damas la jeune enchanteresse
Allume dans les cœurs une funeste ivresse,
Bouillon, toujours fidèle à la loi du serment,
Remplit, quoiqu'à regret, son triste engagement.
Parmi tant de guerriers dont la foule intrépide
Brûle de s'enrôler sous les drapeaux d'Armide,
Pourra-t-il, sans blesser leur courage et leurs droits,
Répondre à leurs desirs en prononçant son choix?
Son cœur irrésolu long-temps flotte et balance:
Enfin un grand projet, pesé dans sa prudence,
Lui paraît réunir ses divers intérêts.

DEPUIS que du hazard les sévères décrets
Avaient ravi Dudon à sa troupe immortelle,
Elle ne recevoit des lois que de son zèle.
Godefroi la rassemble, et lui tient ce discours:
« Vous le savez, Armide implore mon secours;
» Je ne dois ni ne veux rejeter sa demande;
» Si vous croyez encor que l'honneur vous commande
» De servir son espoir, d'employer nos soldats
» A remettre en ses mains le sceptre de Damas,

» Parlez... Ne craignez rien de mon pouvoir auguste :
» Je le reçus de vous, et sans doute il est juste.
» Vos bras, vos volontés, par vous tout m'est soumis...
» Je vous rends tous les droits qui me furent transmis.
» Mais Dudon ne vit plus.... Favori de la gloire,
» Long-temps à votre suite il fixa la victoire.
» A ce chef révéré nommez un successeur;
» De la belle Etrangère il sera le vengeur.
» Dix guerriers d'entre vous iront sous ses auspices,
» D'un vil usurpateur punir les injustices.
» Dix seulement.... voilà mes ordres absolus....
» Qu'ils partent : à leurs vœux je ne m'oppose plus ».

Eustache alors s'avance, et lui tient ce langage :
« Seigneur, cette vertu digne de notre hommage,
» Qui porte ses regards dans l'obscur avenir,
» La prudence à ton cœur doit seule convenir;
» Elle est d'un général le sacré caractère,
» Et de ses grands projets la boussole ordinaire.
» Mais nous, puisque le sort jaloux de nous servir,
» Offre à notre valeur des lauriers à cueillir,
» Devons-nous énerver au sein de l'indolence
» Ces bras dont les appuis sont dus à l'innocence,
» Et souffrir qu'un tyran, sur le trône élevé,
» Jouisse d'un état par le crime enlevé?
» Non.... Si telle est ta loi, confondant l'imposture,
» Dix guerriers tenteront cette grande aventure ».

Il dit, et cache ainsi sous un voile emprunté,
L'ardente passion dont il est tourmenté.
Mais il craint ses rivaux, et jette un œil d'envie
Sur l'invincible fils de la belle Sophie.
La nature envers lui prodiguant ses bienfaits,
Rehaussa sa valeur des plus rares attraits;
Il redoute qu'Armide, en voyant tant de charmes,
A ce jeune héros ne rende enfin les armes.
D'un sentiment jaloux en secret agité,
Il l'appelle à l'écart, flatte sa vanité....
« Toi, qui de la valeur de ton illustre père,
» Au printemps de tes jours es le dépositaire,
» Dis-moi : quel est le chef digne de nous guider?
» Frère de Godefroi, qui peut me commander?
» Quand Dudon fut élu, par respect pour son âge,
» Mon cœur d'un rang si beau lui céda l'avantage.
» Il est mort.... Maintenant, sans avoir à rougir,
» Ce n'est qu'à toi, Renaud, que je puis obéir.
» Egal de ces guerriers par ta haute naissance,
» L'éclat de tes exploits fixe ma préférence :
» A moins que nous offrant d'accompagner nos pas,
» Tu ne veuilles venger la reine de Damas.
» Ami, je te connais. Un succès ordinaire
» Blesserait ton courage, et ne saurait lui plaire.
» Des Chrétiens dans leur camp fais respecter les droits,
» Et laisse-nous tenter de nocturnes exploits.

» Si tu veux accepter l'hommage de mon zèle,
» Réponds, et je t'en donne une preuve nouvelle;
» Tous mes fiers compagnons dès ce jour réunis,
» Vont vivre désormais à tes ordres soumis.
» Pour moi, n'ayant encor qu'une envie incertaine,
» Soit qu'après la princesse un fol amour m'entraîne,
» Soit que dans les combats je marche auprès de toi,
» Permets que je sois libre, et donne-m'en ta foi ».

Sur son front, à ces mots, un trouble involontaire
A trahi le secret qu'il cherchait à lui taire.
L'intrépide Renaud en sourit de pitié:
Sous les fers de l'Amour il n'a jamais plié;
Ce dieu n'a point de trait, la beauté point de charmes
Qui puissent l'éloigner de l'horreur des alarmes.
Il est d'ailleurs tout plein de la mort de Dudon,
Et se croit avili, si l'altière Sion
Ne rend à son courroux le farouche infidèle
Qui plongea dans ses flancs une main criminelle.
« Je ne briguai jamais une vaine grandeur,
» Répond-il. Cet éclat et ce rang trop flatteur,
» Si tu juges, ami, que je doive y prétendre,
» Si tu crois que ce fer puisse encor les défendre,
» J'ose les accepter comme un titre de plus,
» Pour tenir sous vos yeux le chemin des vertus.
» Mais si je suis ton chef, tu dois compter d'avance
» Que tu pourras jouir de ton indépendance ».

Eustache alors le quitte, et, plein de cet espoir,
Vole de ce héros assurer le pouvoir.

Le superbe Gernand, enivré de sa race,
Aspirait dès long-temps à la première place.
Fier de ses dignités, rejeton de cent rois
Qui dictèrent au Nord leurs redoutables lois,
Il dédaigne de vaincre à côté du vulgaire.
Ces états florissans, ce trône héréditaire,
Ces sceptres entassés dans ses vastes palais,
Nourrissent son orgueil et ses desseins secrets.
Renaud, d'un sang fameux peut nombrer des ancêtres,
Qui depuis cinq cents ans n'ont point connu de maîtres:
Mais son cœur généreux, trop grand pour y songer,
N'emprunte point l'éclat d'un mérite étranger.

Gernand, qui pèse tout au poids de la couronne,
Méprise un concurrent qui naquit loin du trône.
Son dépit insensé ne connaît plus de frein;
Un ange ténébreux se glisse dans son sein,
Attise sa fureur, et d'une voix impure,
Aigrit par ces conseils les tourmens qu'il endure.
« Quoi! Renaud ton rival! Lui, disputer tes droits!
» Un simple chevalier braver le fils des rois!
» Quel espoir entretient son orgueil téméraire?
» A-t-il à recueillir un sceptre héréditaire?

» Qu'il compte les états soumis à ses aïeux !
» Qu'il vante à l'univers leurs exploits glorieux !
» Né dans la servitude, au fond de l'Italie,
» Subalterne tyran d'une terre avilie,
» Ose-t-il se flatter qu'au mépris de ton sang,
» Un aveugle hazard le place au premier rang ?
» Qu'il triomphe, qu'importe ? au faîte de la gloire
» Gernand n'a pas besoin d'une telle victoire....
» On dira que Renaud, l'ami de Godefroi,
» Usurpa cet honneur qui n'était dû qu'à toi.

» Si du séjour brillant d'une pure lumière,
» Dudon jusqu'en ces lieux abaissait sa paupière;
» S'il voyait un enfant aspirer à ce prix
» Que ses rares vertus méritèrent jadis,
» Ah ! de quelle fureur sa grande ame enflammée,
» Frémirait à l'aspect d'une insolente armée,
» Qui soutient hautement ce jeune audacieux,
» Et remplit sans pudeur le plus cher de ses vœux ?
» O rage ! si Bouillon seconde son audace,
» Fais voir ce que tu peux, et reviens à ta place ».

A cette voix profane un sentiment jaloux
S'élève dans son cœur, l'enflamme de courroux :
Il sort par ses regards, se peint dans son langage....
Si du jeune guerrier on vante le courage,

Si l'on rend à sa gloire un hommage flatteur,
De ses hardis discours rien n'égale l'aigreur.
Il obscurcit l'éclat de son illustre vie,
Et vomit par torrens tous les feux de l'envie.

Dans l'enceinte du camp, au milieu des guerriers,
Du rival qu'il abhorre il ternit les lauriers;
Le respect ne tient plus sa langue captivée;
Des poisons de l'enfer elle semble abreuvée.
Renaud le voit, l'entend.... une secrète horreur
Dans ses sens éperdus fait couler la fureur.
« Téméraire! tu mens.... ». Sa voix est un tonnerre....
Sous ses bonds vigoureux il fait gémir la terre:
Ses yeux sont des flambeaux, ses pas sont des éclairs,
Son glaive meurtrier s'allume dans les airs.
Gernand tremble et pâlit.... Il voit la mort présente;
Rien ne peut le soustraire à sa faulx menaçante;
Mais l'aspect des héros dont les perçans regards
Sur lui, dans ce moment, tombent de toutes parts,
Eveille dans son cœur un reste de courage:
Il s'arme, et se prépare à repousser l'orage.

Mille bras aussi-tôt lui prêtent leur appui....
Un cercle de guerriers se forme autour de lui....
L'air résonne et frémit.... les vallons et les plaines
Prolongent les accens de ces voix incertaines.

Tel aux rives des mers, le murmure des vents
Se confond et s'unit à leurs mugissemens.
Mais Renaud, sans effort, franchit cette barrière;
Rien ne peut ralentir sa fougueuse colère:
Il s'irrite, il s'élance, et son rapide acier
A travers les héros s'ouvre un large sentier;
Il dédaigne les cris de la foule éperdue,
Et sur son ennemi fixe toujours sa vue....
Tel, ô dieu des combats! tu te montras jadis
Descendant de l'Olympe aux bords du Ximoïs,
Couvert de sang, de fer, d'horreur et d'épouvante,
Et dispersant du Grec la phalange tremblante.

MAÎTRE encor de lui-même en ce moment fatal,
Il ne brave, ne voit, ne hait que son rival.
Il peut le joindre enfin.... Sa main impétueuse
Trompe l'œil qui la suit dans sa route douteuse;
Il ne sait où frapper.... Tantôt c'est vers le cœur
Qu'il porte son épée et toute sa fureur;
Tantôt c'est à la droite, à la gauche, à la tête:
La foudre est moins rapide.... enfin son bras s'arrête;
Dans le sein du coupable il le plonge fumant,
Et le baigne à loisir dans son cœur palpitant.

LE malheureux expire; une double blessure
Dans le fond des enfers vomit son ame impure.
Le vainqueur satisfait dépouille son courroux,

Et rend graces au ciel qui dirigea ses coups:
Il s'éloigne. Bouillon, que le tumulte attire,
Arrive dans ces lieux quand Renaud se retire:
Il entend les sanglots des nombreux spectateurs....
Lui-même il compatit à leurs vives douleurs.
Les cheveux tout souillés de sang et de poussière,
Gernand levait encor sa mourante paupière;
Près de lui, ses amis le serrant dans leurs bras,
Déploraient le plus noir de tous les attentats.

« Quel est, dit Godefroi, le mortel sacrilège
» Qui trouble ainsi ce camp que mon pouvoir protège » ?
Arnaud s'avance alors.... « O généreux Bouillon !
» Reconnais le forfait d'un vengeur de Sion....
» Oseras-tu le croire ? un guerrier sanguinaire,
» Un Chrétien, en un mot, a massacré son frère:
» Indigne de combattre, et de marcher sous toi,
» Renaud n'a point rougi de manquer à sa foi.
» Ce lieu même, ce lieu parle contre son crime....
» Tout, s'il est pardonné, deviendra légitime;
» On pourra désormais se venger par sa main:
» La mort sera le prix du plus léger dédain;
» Et ton camp divisé, sourd à l'obéissance,
» Goûtera sous tes yeux les fruits de sa licence ».

Tancrède cependant voudrait justifier
Les transports imprudens du jeune chevalier.

« Il est vrai, Godefroi, qu'un coupable ordinaire
» Pairait de son supplice un instant de colère :
» Mais Renaud, j'en conviens, peut-être trop bouillant,
» A pour lui ses aïeux et l'éclat de son sang.

—» Tancrède, espères-tu que Bouillon s'abandonne
» Aux funestes conseils que ta bouche lui donne ?
» Eh ! que me servirait de porter aujourd'hui
» Ce sceptre dont mon bras est le plus ferme appui,
» Si j'étais, sans moyens de réprimer l'audace,
» Réduit à châtier la vile populace ?
» La loi ne connaît point la distance des rangs ;
» Il faudroit, à t'entendre, épargner tous les grands,
» Réserver l'échafaud pour le simple vulgaire,
» Et d'un sang ennobli ne point rougir la terre.
» Non, punissant le crime avec égalité,
» Je ferai respecter ma juste autorité :
» Je n'avilirai point la majesté suprême ;
» Et ce honteux pardon tomberait sur moi-même.
» Mes frères, tout ce camp soumis à mon pouvoir,
» Egalement frappés s'ils sortent du devoir,
» Verront que Godefroi dans la même balance,
» Pèse le prince altier et l'homme sans naissance.

» C'est ainsi, dit Raymond, qu'on se fait obéir.
» Un chef doit pardonner, mais doit aussi punir :

» S'il mérite son rang, qu'il soit inexorable;
» La clémence toujours enhardit le coupable ».

TANCRÈDE à ce discours, justement alarmé,
Vole avertir Renaud.... Tranquille et désarmé,
L'invincible héros reposait sous sa tente:
Tancréde en frémissant l'aborde. « Ton attente
» Pourrait être trompée, et tu ne songes pas
» Qu'en ce moment peut-être on dicte ton trépas.
» On t'accuse, Renaud; on demande ta tête;
» Et tes vils ennemis conjurent la tempête:
» Je ne sais; mais, ami, je tremble pour tes jours:
» Si j'en crois de Bouillon les sévères discours,
» A la rigueur des lois il pourra te soumettre.

— » QUE l'esclave timide obéisse à son maître,
» Lui répond le guerrier; que, digne de son sort,
» Il aille dans les fers attendre en paix la mort.
» Moi qui reçus le jour sur les rives du Tibre,
» Je suis né, j'ai vécu, je mourrai toujours libre;
» Et jamais l'univers témoin de mes travaux,
» Ne me verra courber sous la main des bourreaux.
» Ah! Godefroi doit perdre une vaine espérance....
» S'il ose contre moi s'armer de sa puissance,
» Qu'il vienne, je l'attends. La force de mon bras
» Peut encore entre nous juger de nos débats ».

Il a dit, et bientôt il charge son armure;
Ses regards enflammés sont d'un sinistre augure:
Dans sa main étincelle un homicide acier,
Et son bras se revêt d'un pesant bouclier.
Tel parut ce Typhon, destructeur de la terre,
Quand sur lui Jupiter épuisa son tonnerre:
Tancrède, cependant, tente de le fléchir.
« D'un indigne trépas tu pourrais t'affranchir,
» Lui dit-il. Je le sais, ton courage indomptable
» Brille avec plus d'éclat quand le nombre l'accable.
» Mais quel est ton espoir et quels sont tes desseins?
» Dans le sang de Bouillon veux-tu tremper tes mains?
» Un honneur passager, un égard chimérique,
» Pour des fantômes vains, fruits de la politique,
» Doivent-ils t'engager à trahir à la fois
» Tes augustes sermens, et le ciel, et nos lois?
» Je t'en conjure, ami, triomphe de toi-même;
» Ne blesse point d'un chef l'autorité suprême.
» Sous le poids des revers bien loin d'être abattu,
» Cet effort généreux couronne ta vertu.

» Eh! s'il m'était permis de citer ma jeunesse,
» Tu verrais qu'autrefois, surmontant ma faiblesse
» Et le ressentiment d'un affront douloureux,
» Je parvins à dompter ce cœur impétueux.
» Je conquis, tu le sais, la vaste Cilicie:
» Sous des dehors trompeurs cachant sa jalousie,

» Baudouin m'enleva cet empire fameux,
» Et s'assit lâchement sur son trône orgueilleux.
» J'aurais pu me venger, ressaisir ma conquête;
» J'aurais pu l'immoler.... mais j'épargnai sa tête.
» Renaud ! cherche un asyle auprès de Bohemon:
» Eloigne-toi, préviens le courroux de Bouillon;
» Lui-même va bientôt gémir de ton absence.
» Si l'Egypte, l'Afrique, ou quelqu'autre puissance,
» Vient après ton départ attaquer ses soldats,
» Comme il va regretter le secours de ton bras » !

GUELFE arrive, et soutient les avis de Tancrède.
Enfin, quoiqu'à regret, le fier Renaud leur cède;
Il s'empare aussi-tôt d'un rapide coursier,
Et s'éloigne, suivi d'un fidèle écuyer.
Il part. Son cœur est plein d'une flamme sacrée;
Il veut que sa valeur, en tous lieux révérée,
Remplisse l'univers, imprime le respect,
Contraigne les tyrans de fuir à son aspect;
Et, découvrant du Nil les sept sources fécondes,
Se trace des sentiers dans l'abîme des ondes.

GUELFE se rend alors auprès de Godefroi:
Ce héros l'apperçoit.... « J'avais besoin de toi.
» Ami, de ton neveu je connais trop le crime:
» La majesté des lois demande une victime.

» Si Renaud offensé, violant mes décrets,
» D'une injuste arrogance a réprimé l'excès,
» Qu'il ne balance plus, et qu'il plaide sa cause;
» A le juger déjà le conseil se dispose.
» Je lui sauve l'affront d'y paraître en captif,
» C'est tout ce que je puis : tu connais mon motif.
» Mon caractère, ami, me porte à la clémence;
» Mais je devrais punir sa désobéissance.
» C'est à toi d'amollir ce farouche mortel;
» Qu'il vienne..... ou son retard le rend plus criminel».

Il dit. Guelfe répond : « Une ame magnanime
» S'indigne du soupçon presqu'autant que du crime.
» Renaud est innocent : un infâme agresseur,
» Sous nos yeux, dans ton camp, noircissait sa valeur.
» Eh! quel autre, à sa place, eût mis à la vengeance
» Les bornes qu'exigeait une vaine prudence!
» Dans le feu du combat, de sa gloire jaloux,
» Pouvait-il modérer ou suspendre ses coups?
» Tu demandes en vain qu'il vienne se soumettre;
» Et quand il le voudroit, il n'en est plus le maître.
» Il est parti, Bouillon. J'ignore en quels climats
» Une ardente jeunesse aura conduit ses pas.
» Je consacre ce fer à sa juste défense,
» Et de ses ennemis je brave l'impudence.
» Eh bien! dit Godefroi, qu'il aille en d'autres bords
» Se livrer sans obstacle à ses brûlans transports.

» Trop heureux que, cédant au courroux qui l'entraîne,
» Il porte loin de nous des semences de haine » !

ARMIDE cependant réclame son secours;
Elle le suit par-tout, et l'observe toujours:
Employant tour à tour les prières, les larmes,
Les dépits simulés, le pouvoir de ses charmes,
Elle attaque à la fois et son cœur et ses sens....
O honte! ô désespoir! ses traits sont impuissans.
Bouillon, rassasié d'un monde qu'il méprise,
Perce tous ses projets et l'art qui les déguise;
On dirait que d'un Dieu l'immense bouclier
Repousse tous les traits qu'elle lance au guerrier.
Tancrède oppose encore à la belle princesse,
D'un cœur déjà rempli l'inflexible rudesse.
Tel contre les poisons l'ennemi des Romains
S'arma, pour les braver, de leurs propres venins.

MAIS Armide, craignant que l'œil de la prudence
Ne suive ses détours, ne trompe sa vengeance,
Précipite l'instant marqué dans ses desseins
Pour charger ces héros des plus cruels liens:
Ce jour tant desiré qui doit la satisfaire,
Et servir les complots ourdis par sa colère,
Au gré de ses souhaits brille sur l'horizon.
D'un air respectueux elle aborde Bouillon....

« Seigneur, il est venu le moment favorable
» Où tu dois signaler ta pitié secourable ;
» Mais si l'usurpateur du trône de Damas
» Apprend qu'en ma faveur tu vas armer ton bras,
» Il pourra t'opposer une nombreuse armée....
» Hâtons-nous, devançons l'agile renommée ;
» Prévenons du tyran les nouvelles fureurs....
» Et toi, sans hésiter, nomme mes dix vengeurs :
» Qu'ils partent avec moi. Si le ciel, que j'implore,
» Aux vertus des mortels était sensible encore,
» S'il daignait protéger tes guerriers généreux,
» Par leurs mains replacée au rang de mes aïeux,
» Je pourrais m'acquitter comme je le desire,
» Et t'offrir à jamais mon peuple et mon empire ».

Elle dit. Godefroi veut en vain retarder
L'époque du secours qu'il promit d'accorder....
Il voit dans tous les yeux briller l'impatience ;
Tous ces vaillans Chrétiens briguent la préférence.
Armide d'un regard, d'un souris gracieux,
Presse, échauffe et nourrit leur zèle impétueux.
Elle sait que l'amour s'endort s'il est tranquille.
Tel un coursier, suivi d'un coursier plus agile,
Se ranime au seul bruit de ses rapides pas,
Redouble de vîtesse, et ne lui cède pas.
Elle met dans les cœurs l'aiguillon de la crainte....
Ils voudraient dérober leur pénible contrainte.

Un seul mot, un coup-d'œil entretient leur espoir....
Vainement Godefroi s'armant de son pouvoir,
Réprime les transports de la foule insensée,
A de honteux écarts sans pudeur abaissée.
Mais il se rend enfin à ses vœux indiscrets.
« Que vos noms, leur dit-il, écrits sur des billets,
» Soient mêlés dans un vase, et que le sort décide
» Quels seront d'entre vous les défenseurs d'Armide ».

On obéit.... Soudain dans une urne d'argent
On dépose les noms qu'on agite à l'instant.
Le premier qui paraît est celui d'Ardimore :
Gérard vient après lui, puis le sage Tidore.
Au déclin de ses ans, blanchi dans les hazards,
Du tendre Amour encore il suit les étendards.
Gaston est le quatrième. Oldcric leur succède;
Rodolphe, Vinceslas, Guillaume, Henri, Porède
Paraissent à leur tour. Raimbaud est le dernier.
Long-temps, pieux Chrétien, redoutable guerrier,
On chérit ses vertus autant que sa vaillance....
Mais le traître, depuis, abjura sa croyance.
Aveuglé par l'amour il devint l'ennemi
Du culte qui par lui devait être affermi.
Les autres, enflammés et de haine et d'envie,
Expriment hautement leur basse jalousie;
Ils maudissent le sort qui captive leurs bras,
Et les force à languir loin des murs de Damas.

Les dix guerriers choisis revêtent leur armure :
Pour eux tout est facile et la victoire est sûre.
Le sage général leur donne des avis ;
Mais l'excès de la joie égare les esprits.
Tous jurent d'obéir.... et l'Amour sur son aîle
Emporte dans les airs ce serment infidèle.
Armide n'attend point que d'un trait radieux
La renaissante aurore ait diapré les cieux :
Elle part aussi-tôt, et déguisant sa haine,
Sourit à ces captifs qui bénissent leur chaîne.

A peine la nuit sombre et le léger zéphyr
Descendaient par degrés du sommet du Séïr,
Qu'une foule d'amans, jouets de leur ivresse,
Se dérobent du camp et suivent la princesse.
Eustache est le premier.... Trop fier, trop violent,
Il ne peut supporter un retard accablant :
Il part et les devance à la faveur des ombres.
La nuit se renfermait dans ses cavernes sombres,
Quand il put entrevoir Armide et ses guerriers.
Il voit briller le fer.... il entend les coursiers....
Il vole.... Mais Raimbaud lui ferme le passage....

« Qui t'amène en ces lieux, et quel motif t'engage
» A marcher sur nos pas ?.... — La fortune et l'amour.
» Je n'emploîrai jamais un indigne détour.

» Si d'un vrai chevalier elle approuve le zèle,
» Armide n'aura point d'esclave plus fidèle.
» — De quel droit oses-tu te mêler parmi nous?
» Le sort t'a-t-il choisi?... — Je n'en fus point jaloux.
» Pourquoi t'enorgueillir, Raimbaud, de ce vain titre?
» Le hazard de mes vœux ne peut être l'arbitre,
» Et d'un Dieu moins léger mon cœur chérit la loi....
» Qui pourrait s'offenser de mon dessein? Qui?..—moi».
Sur Eustache, à ce mot, le fier Raimbaud s'élance....
Mais d'un regard, Armide étouffe sa vengeance.
« Seigneur, au nom du ciel, respecte ce héros.
» Eh! pourquoi m'envier des protecteurs nouveaux?
» Dans ce pressant besoin, c'est le ciel qui l'envoie;
» Sur nos pas triomphans qu'à son tour on le voie».
Puis elle tend la main au frère de Bouillon.
« De mes dix chevaliers, généreux compagnon,
» Que ton secours m'est cher! que j'aime ton courage!
» Daignent les immortels m'en conserver l'usage»!

Bientôt d'autres guerriers, non moins audacieux,
Par des chemins divers arrivent dans ces lieux.
Armide les bénit, et sa bouche charmante
Accueille d'un souris leur troupe impatiente.
Le matin ramenait l'épouse d'Orion,
Quand leur chef s'apperçut de la désertion.
De noirs pressentimens roulent dans sa pensée:
Sous le poids du chagrin son ame est affaissée.

Un émissaire alors se présente à ses yeux....
Il approche, tremblant, et le front tout poudreux.
A la sombre douleur peinte sur son visage,
On voit qu'il est porteur d'un sinistre message.

Il aborde Bouillon. « Les peuples de Memphis,
» Dit-il, couvrent les mers de vaisseaux réunis :
» Guillaume te l'apprend. Un convoi salutaire
» Qu'il t'avait envoyé pour soutenir la guerre,
» Vient de tomber aux mains d'un ramas de brigands.
» Ceux qui te l'amenaient, sous leurs coups expirans,
» N'ont pu leur opposer que peu de résistance....
» Le reste, dans les fers, implore ta puissance....
» Dans le sein d'un vallon, errans et dispersés,
» Ces lâches ennemis, aux meurtres exercés,
» Pillent tous les châteaux, dévastent les campagnes,
» Et se cachent la nuit dans le creux des montagnes ».
Cette triste nouvelle afflige les soldats;
Ils craignent la famine, et non pas les combats.

Mais le hardi Bouillon réveille leur audace.
« Quoi! cet événement vous attriste et vous glace?
» Compagnons, depuis quand votre cœur indompté
» Serait-il accessible à la timidité?
» N'est-ce point avec vous, qu'en dépit des tempêtes,
» J'ai vu le Dieu vivant sourire à nos conquêtes?

» Son invisible bras assura vos exploits....
» Par la faim, par la soif, consumés tant de fois,
» Mais, promenant par-tout la mort et la victoire,
» N'êtes-vous pas couverts des palmes de la gloire?
» Solime vous implore; Aladin accablé,
» Tremble et pâlit déjà sur son trône ébranlé.
» L'or qui stipendia ces phalanges avares
» Tarira dans les mains des ministres barbares;
» Et, privés du ressort qui les eût fait mouvoir,
» Ces timides soldats, désormais sans espoir,
» Fuiront à votre aspect; et de leurs bras débiles,
» Vous verrez s'échapper des armes inutiles.

» Un Dieu même conspire à servir vos desseins.
» Par vous il met un terme aux erreurs des humains....
» Gardez-vous de penser que sa toute-puissance,
» Après tant de travaux trompant votre espérance,
» Puisse vous exposer aux horreurs du besoin.....
» Un jour, braves guerriers, (et ce jour n'est pas loin),
» Les airs retentiront de vos chants d'alégresse;
» Vous saurez acquitter une auguste promesse,
» Et, dans le temple saint des antiques Hébreux,
» L'Eternel recevra votre hommage et vos vœux ».

Il dit, et de leur ame il bannit la tristesse:
Mais un chagrin secret le poursuit et le presse.

Il dissimule en vain, et, sous des traits rians,
Son cœur est agité de soucis dévorans.
Il craint pour l'avenir. Sa prudence alarmée,
S'occupe des moyens de nourrir son armée.
Il sait que Soliman chassé de ses états,
Rassemble des brigands qu'il façonne aux combats;
Qu'il promène avec eux, de rivage en rivage,
La flamme, la terreur, la mort et le carnage;
Que long-temps divisés, mais enfin réunis,
Ils marchent pour se rendre à la cour de Memphis.

FIN DU CHANT CINQUIÈME.

LA

JÉRUSALEM DÉLIVRÉE.

CHANT SIXIÈME.

SOMMAIRE

DU CHANT SIXIÈME.

Argant défie les Chrétiens. Tancrède est choisi pour le combattre. Ce héros est blessé par le Sarrazin. Herminie aveuglée par l'amour, revêt l'armure de Clorinde, et s'avance vers le camp de Bouillon, dans l'espoir de prodiguer à Tancrède les secours de son art. Mais deux guerriers qui commandent une garde avancée l'apperçoivent, et la forcent de fuir.

CHANT SIXIÈME.

DÉJA de toutes parts les guerriers infidèles
Reçoivent des secours et des forces nouvelles;
Leur camp est hérissé de piques et de dards:
Les plus vaillans soldats défendent les remparts;
Les murs sont élevés, et leur masse solide
Peut braver les efforts d'une armée intrépide.

ALADIN est par-tout: il surveille toujours,
Fait creuser des fossés, fortifier les tours;
Soit que Phébus sortant du palais d'Amphitrite
Brille, ou que dans les mers son char se précipite,
Les Sarrazins actifs poursuivent les travaux,
Et leurs bras à l'envi forgent des traits nouveaux.
Mais Argant, qui voudrait signaler son courage,
Aborde le monarque et lui tient ce langage:
« Jusqu'à quand, Aladin, retenus dans ces murs,
» Serons-nous condamnés à des exploits obscurs?
» Sous les coups du marteau j'entends gémir l'enclume,
» Ton peuple en vains efforts nuit et jour se consume.
» Eh! pourquoi tant de dards, de pieux, de boucliers,
» Puisqu'un lâche repos énerve tes guerriers?

» Cependant le Chrétien ravage la campagne,
» Le bonheur le précède, et la mort l'accompagne:
» Rien ne trouble ses jeux, ne combat ses desirs;
» Son camp est devenu l'asyle des plaisirs.
» Et toi, par tes délais et par ta nonchalance,
» Sur le frivole espoir d'une vaine alliance,
» Et des secours tardifs qui te furent promis,
» Dans leurs sanglans projets tu sers nos ennemis.
» Pour moi, je ne veux pas qu'une fin ordinaire
» Termine sans éclat ma brillante carrière;
» Que l'aveugle destin dispose de mes jours....
» Mais soit qu'il en abrège ou prolonge le cours,
» On ne dira jamais que par son indolence
» Argant ait succombé sans gloire et sans vengeance.

» AH ! si tu conservais un reste de chaleur;
» Si de ce feu sacré qui brûla dans ton cœur,
» Tu n'allumais encor quelque vive étincelle,
» Oui, bientôt tu verrais cette horde cruelle,
» Comme un faible troupeau, dispersée à ta voix,
» Expier dans son sang de criminels exploits.
» Aladin, sur mes pas viens te couvrir de gloire:
» Un excès de prudence éloigne la victoire.
» Si tu crains d'exposer aux hazards d'un combat,
» Et ton peuple et toi-même, et le sort de l'état,
» Que deux guerriers choisis décident la querelle.
» J'irai jusqu'à son camp menacer l'infidelle.

» Qu'il nomme son vengeur.... J'en atteste les dieux,
» La mort sera le prix de cet audacieux.
» Va, d'un succès prochain ose entrevoir l'aurore;
» Quand je m'arme pour toi, peux-tu douter encore?

» Jeune présomptueux, lui répond Aladin,
» Quoique le temps fatal sous son sceptre d'airain
» Courbe ce corps débile et ride ce visage,
» Il n'a point dans mon ame étouffé le courage:
» Ce bras, quand il le faut, manie encor le fer.
» Argant, ainsi qu'à toi le succès m'est bien cher;
» Jusqu'au dernier soupir je saurai me défendre:
» Je puis tomber du trône, et non pas en descendre.
» Loin d'épargner un sang dans mes veines glacé,
» Je sais que pour mon peuple il doit être versé.
» Mais de ces longs retards tu connaîtras la cause....
» Ami, c'est un secret qu'en ton sein je dépose.

» Apprends que Soliman, vaincu par le Chrétien,
» Voit plier sous son joug le fier Assyrien;
» Dans le fond des déserts sa troupe ramassée,
» Réparera l'affront qu'il reçut à Nicée:
» Il vient se joindre à nous. Laissons, en attendant,
» L'ennemi s'enivrer d'un espoir décevant;
» Ne songeons qu'à sauver le siége de l'empire....
» Toi, modère, de grace, un aveugle délire;

» Le moment n'est pas loin où dans les champs d'honneur
» Tu pourras à ton gré déployer ton ardeur ».

Le barbare, à ces mots, tremble et pâlit de rage,
D'un superbe rival enviant le courage....
« Eh bien ! Seigneur, eh bien ! puisqu'il est ton appui,
» Du soin de te venger repose-toi sur lui:
» Au gré de ses desirs fais la paix ou la guerre;
» Adore si tu veux cet ange tutélaire;
» Flatte-toi que celui qui perdit ses états
» Pourra sauver les tiens par l'effort de son bras:
» Je ne t'en parle plus.... Moi, qui crois me suffire,
» Je fonde sur ce fer le bonheur où j'aspire.
» La fortune sourit à l'intrépidité:
» Qui tente le succès, l'a déjà mérité.
» Tandis que tout languit, permets que dans la plaine
» J'aille en mon propre nom satisfaire à ma haine.

» — Tu devrais réserver pour un meilleur emploi
» Cette noble fierté qui n'appartient qu'à toi.
» Cependant tu le peux.... va défier l'armée ».
La colère d'Argant est alors désarmée.

» Cours, dit-il, au héraut, dans le camp ennemi
» Porter à Godefroi mon cartel de défi:
» Dis-lui qu'un Sarrazin, protecteur de Solime,
» Jaloux de signaler le beau feu qui l'anime,

» Propose le combat à celui des guerriers
» Dont le fer moissonna les plus brillans lauriers.
» Qu'il soit né sous le chaume ou ceint du diadême,
» Peu m'importe, pourvu que sa valeur suprême
» Ennoblisse à mes yeux cet illustre rival;
» Les armes à la main il sera mon égal.
» Je ne me borne pas à ce seul adversaire;
» Que plusieurs à la fois entrent dans la carrière.
» Ajoute que, suivant un usage connu,
» Le vainqueur dans ses fers retiendra le vaincu.
» Pars... hâte ce moment pour moi rempli de charmes ».

Il se tait. Le hérault revêt sa cotte d'armes,
La pourpre y brille unie à l'or étincelant;
Le sceptre est dans sa main.... et bientôt dans le camp.
« Godefroi, lui dit-il, puis-je en toute assurance
» D'un message sacré te donner connoissance?....
» — Tu le peux librement.... Parles sans hésiter....
» — Tu verras si mon ordre a droit de te flatter.
» Apprends qu'un Sarrazin, protecteur de Solime,
» Jaloux de signaler le zèle qui l'anime,
» Propose le combat à celui des guerriers
» Dont le fer moissonna les plus brillans lauriers.
» Il ne se borne pas à ce seul adversaire;
» Que plusieurs à la fois entrent dans la carrière:
» Il les brave.... Suivant un usage connu,
» Le vainqueur dans ses fers retiendra le vaincu.

» — J'ai lieu d'être surpris de cet excès d'audace;
» Mais ce n'est pas en vain qu'un guerrier nous menace.
» Au nom de mes héros j'accepte son cartel:
» Qu'il vienne, et se prépare à ce combat mortel ».

Il dit, et le héraut va porter sa réponse.
« Argant, en ta faveur c'est le ciel qui prononce:
» Les Chrétiens dans ton sang brûlent de se plonger;
» Ne songe qu'à la gloire, et non pas au danger.
» Mille bras meurtriers sont levés sur ta tête;
» Mais soumis à Bouillon, son pouvoir les arrête ».

L'infidèle à ces mots rayonne de plaisir....
D'une pompeuse armure il vient de se couvrir;
Et déjà, se livrant au courroux qui l'entraîne,
Il s'apprête au combat et vole dans la plaine;
Quand Aladin commande à deux mille soldats
De veiller sur sa vie et de suivre ses pas,
Clorinde les conduit. Ils sortent de la ville.
Le cruel Sarrazin, sur un coursier agile,
Les précède; et son front respirant la terreur,
Sème au loin devant lui l'épouvante et l'horreur.

Entre le camp chrétien et la ville ennemie,
Le sol offre au regard une surface unie:
Là descend l'infidèle. Ainsi Phlègre jadis,
Vit Typhon attaquer tous les dieux réunis.

Ou tel parut encor le cruel Salmonée
Roulant son char de fer sur la terre indignée.

Godefroi cependant n'a point fixé son choix;
Mais tous les sentimens, tous les vœux à la fois
Se tournent vers Tancrède. Un suffrage unanime,
Accorde à son grand cœur cette preuve d'estime.
« Va, lui dit Godefroi, va combatre pour nous;
» Que ce brigand altier expire sous tes coups ».
Tancrède à ce discours fait éclater sa joie.
Sur son front radieux l'audace se déploie;
Il charge son armure, et plus prompt que les vents,
Sur un fougueux coursier sort des retranchemens.
Clorinde tout à coup se présente à sa vue;
D'un habit éclatant elle était revêtue.

L'amazone sans casque, et sur une hauteur,
Offrait à découvert son visage enchanteur.
Tancrède l'apperçoit. Troublé, hors de lui-même,
Il n'admire, ne voit, n'entend que ce qu'il aime.
De crainte et de plaisir frissonnant tour à tour,
Il s'arrête immobile, et se repaît d'amour.
Son ame est dans ses yeux... Son cœur s'exhalte, brûle;
Un poison dévorant à longs traits y circule....
Sourd au cri de l'honneur, il oublie à la fois
L'infidelle et le camp qui lui remit ses droits.

Argant est dans la lice, et, plein d'impatience,
S'indigne d'un délai qui pèse à sa vengeance.
« Je suis venu, dit-il, pour livrer le combat;
» Est-il quelqu'un des chefs, est-il quelque soldat
» Qui veuille m'attaquer? Qu'attend-il à paraître »?
Tancrède n'entend rien; il n'en est plus le maître.
Une morne stupeur absorbe tous ses sens.

Mais Othon indigné de ces cris menaçans,
Othon impétueux, dans la fougue de l'âge,
Profite d'un moment qui plaît à son courage.
Il fond sur le barbare, et sa lance à la main
Tente, mais vainement, de lui percer le sein.
Argant reçoit le coup, et son bras redoutable
Frappe à son tour Othon, et l'étend sur le sable.
D'un souris dédaigneux aggravant son malheur....

« Rends-toi, jeune insensé, reconnais ton vainqueur.
» C'en est assez pour toi d'avoir osé combattre....
» — Que je porte les fers d'un stupide idolâtre!
» Réplique le guerrier; tu ne m'as point vaincu:
» Ton espoir insolent peut être encor déçu.
» Tremble... Mais chez les morts si tu me fais descendre,
» Plus de mille vengeurs renaîtront de ma cendre ».

A ce discours, Argant semble vomir des feux;
Les éclairs du courroux jaillissent de ses yeux,

Et, méprisant les lois de la chevalerie,
Le lâche s'abandonne à toute sa furie:
Contre le jeune Othon il pousse son coursier,
Et foule sous ses pieds le malheureux guerrier.
« Puisse périr ainsi tout mortel téméraire,
» Qui d'Argant offensé bravera la colère ».

TANCRÈDE avec ses sens a repris sa valeur....
Dieux ! comme le réveil a déchiré son cœur.
Il voit du Sarrazin la bassesse et la rage,
Et s'avance en criant : « Est-ce là du courage?
» Barbare, réponds-moi; quel honneur attends-tu
» D'outrager sans péril un enfant abattu ?
» Dans quels affreux climats as-tu reçu la vie ?
» Sur des sables ardens ta jeunesse nourrie,
» Sans doute contracta parmi les animaux
» Cette férocité qui souille les héros.
» Monstre ! au fond des déserts et loin de la lumière,
» Cours d'un tigre sanglant habiter le repaire » :

LE barbare à ces mots écume de fureur;
Ses accens étouffés retombent dans son cœur.
Il veut, il croit parler; mais de sa bouche impure
S'échappe un bruit confus, un vague et sourd murmure.
Telle la foudre éclate, alors que dans les cieux
Elle trace en tombant un sillon lumineux;

Tel, quand la nuit obscure étend son voile sombre,
Le monarque des bois erre et se perd dans l'ombre;
Ses longs rugissemens éveillent les échos,
Grondent dans les forêts et roulent sur les flots.

MUSE! fille des dieux, réchauffe mon génie,
Donne un nouvel éclat à ma voix affaiblie,
Que le bruit des combats retentisse en mes vers,
Et que mes nobles sons étonnent l'univers.

L'AIGLE qui fend la nue et tombe sur sa proie,
L'éclair qui dans les cieux s'allume et se déploie,
Sont moins impétueux, moins terribles, moins prompts.
Les lances en éclats se brisent sur leurs fronts.
Le seul bruit de ce choc fait trembler les campagnes,
Et mugit sourdement dans le creux des montagnes.
Mais les deux fiers rivaux ne sont point ébranlés,
Leurs coursiers à la fois s'abattent accablés.
Tancrède se relève, Argant suit son exemple,
Mesure son rival, s'arrête et le contemple.
Puis saisissant le fer, ils combattent à pié....

POUR la première fois Argant humilié,
S'indigne de trouver un illustre adversaire.
Il blasphême tout bas, et sa main meurtrière
Brûle de s'abreuver de ce sang odieux:
Son funeste dessein éclate dans ses yeux.

Tancrède le dévoile; au-dessus de la crainte,
Il trompe l'art par l'art, la feinte par la feinte,
Tourne, avance, recule et repousse son bras:
Sur ses pas inégaux il mesure ses pas.
Chacun de son côté variant sa défense,
Trompe l'œil indécis et trahit la vengeance.
Tancrède le premier blesse son ennemi.
Il soupire et frémit.... Mais bientôt raffermi,
Argant veut le frapper.... Le héros qui l'épie
Opposant son épée au glaive de l'impie,
Pour la seconde fois la baigne dans son flanc....

Ainsi, quand sur les monts l'ours voit couler son sang,
Il affronte la mort, il s'agite, il s'élance,
Et brave tous les traits que le chasseur lui lance.
Tel le Circassien habile à se venger,
Ne connaît plus de frein, méprise le danger;
Il réveille sa rage, et sa main homicide
Imprime à son épée un mouvement rapide.
La terre en tremble au loin, le ciel même en frémit,
Tancrède est dévoré de honte et de dépit.
A ses fougueux transports enfin il s'abandonne;
Il fond sur l'infidèle, il le presse, il l'étonne.
Leurs redoutables bras, par la haine égarés,
Ne portent désormais que des coups assurés.
Le sang et la sueur ruissellent sur la poudre,
Leurs glaives meurtriers frappent comme la foudre,

Se croisent en sifflant, s'allument dans les airs,
Résonnent sur l'airain, et dardent des éclairs.

CEPENDANT la victoire est encor incertaine.
La foule impatiente, et respirant à peine,
Fixe sur les guerriers des regards inquiets :
Les nombreux spectateurs, immobiles, muets,
Suivent les mouvemens de ce combat funeste;
On n'entend aucun mot, on ne voit aucun geste.
Tous restent en suspens, comparent leur valeur;
Le calme est sur leur front, la crainte dans leur cœur.

DÉJA le roi du jour au bout de sa carrière,
Dans l'abîme des mers éteignait sa lumière;
Déjà les combattans dans l'ombre ensevelis,
Soulevaient au hazard leurs bras appesantis;
La rage les aveugle, et les soutient encore....
Quand, au nom des deux chefs, Aridée et Pindore
Séparent les guerriers.... « Suspendez vos travaux,
» La nature se livre aux douceurs du repos.
» Amis, couverts tous deux d'une immortelle gloire,
» Attendez que le jour décide la victoire:
» La nuit vous enveloppe, et des cœurs généreux
» Dédaignent des exploits cachés à tous les yeux ».

A ces mots, sur la foi des usages antiques,
Ils étendent tous deux leurs sceptres pacifiques.

« Je voudrais, dit Argant.... que l'astre des saisons
» Eclairât mes succès du feu de ses rayons;
» Mais, si mon ennemi jure d'être fidèle,
» S'il revient en ces lieux vuider notre querelle,
» Je diffère à regret l'instant de me venger....
» — Toi-même, dit Tancrède, oses-tu t'engager
» Par ce hardi serment que tu veux me prescrire » !....
L'orgueilleux Sarrazin lui promet d'y souscrire.
Pour la sixième fois, quand, sur un char vermeil,
L'Aurore aura rougi le palais du Soleil,
Ces illustres rivaux, qu'un retard humilie,
Viendront se dégager du saint nœud qui les lie.

Dans ses opinions le vulgaire indécis,
Veut, et de la valeur n'ose adjuger le prix....
Tous flottent en suspens.... Leur ame impatiente
Languit abandonnée aux tourmens de l'attente.
Chacun de son côté formant les mêmes vœux,
Au succès de sa cause intéresse les dieux.
Mais quel est ton supplice, ô toi, belle Herminie!
Le ciel menace encor la moitié de ta vie;
Combien ton tendre cœur dès long-temps déchiré
A frémi pour les jours d'un objet adoré!

D'Antioche, jadis elle occupa le trône;
Le bizarre destin lui ravit la couronne:

Il creusa sous ses pieds l'abîme du malheur....
Elle-même tomba dans les fers du vainqueur,
Quand un héros, touché de son sort déplorable,
Tancrède lui tendit une main secourable,
Partagea ses ennuis, respecta sa beauté,
Adoucit les rigueurs de sa captivité;
Garantit par ses soins ses trésors du pillage,
Et d'un tendre intérêt lui parla le langage.
Mais, hélas! ses vertus, son généreux secours,
Ses graces, l'amitié qui dictait ses discours,
Dans un cœur ingénu firent bientôt éclore
Le feu qui loin de lui croît et s'allume encore.
En croyant ne céder qu'au pouvoir des bienfaits,
L'amour de ses liens l'enchaîna pour jamais;
Et, par ce feint appât sans retour abusée,
Elle offrit à ses coups une victime aisée.

Elle ne gémit plus de ses premiers revers;
Libre, elle pleure encore et regrette ses fers,
Ce vainqueur adoré, cette prison chérie,
Par un mortel charmant à ses yeux embellie.
Mais l'honneur le commande, elle fuit ses états
Pour chercher un asyle en de nouveaux climats.
Sa mère l'accompagne; elle arrive à Solime;
Aladin les reçut,... Ce prince magnanime
Compatit à leurs maux, et son humanité
Mêla quelque douceur à leur calamité.

Bientôt dans le tombeau sa mère descendue,
Frappa d'un coup amer sa tendresse éperdue:
Cette mort, son exil, la pitié d'Aladin,
N'émoussent point le trait qui lui perce le sein.
A la fleur de ses ans aux larmes condamnée,
Chaque jour, chaque instant aigrit sa destinée:
Elle brûle en secret.... Ses efforts impuissans
Alimentent le feu qui trouble tous ses sens:
Mais son amour caché dans l'ombre du silence,
Vit plus de souvenir qu'il ne vit d'espérance.
Hélas! faible jouet d'une funeste ardeur,
Elle chérit encor les peines de son cœur.

Le siége de Sion la calme et la rassure;
Un baume bienfaisant adoucit sa blessure.
A l'aspect des drapeaux qui flottent dans les airs,
A l'aspect des guerriers dont les champs sont couverts,
Tout frémit.... elle seule au comble de la joie,
Se ranime, et bénit le ciel qui les envoie.
Elle sait que Tancrède est parmi ces héros,
Que chéri de la gloire il veille à leurs travaux:
Souvent elle le cherche, et se dit.... c'est lui-même....
Par-tout un cœur épris croit voir l'objet qu'il aime.
Souvent elle le perd au milieu des combats,
Et suit d'un œil brûlant la trace de ses pas.

Dans le palais des rois, une tour solitaire

Au-dessus des remparts levait sa tête altière,
Où commande du faîte au camp des ennemis....
La princesse s'y rend, seule avec ses ennuis.
Soit que le char doré du souverain du monde
Précipite sa course au vaste sein de l'onde;
Soit que vers l'orient l'aurore de retour
Ouvre à ce dieu brillant les barrières du jour;
Elle s'appesantit sur le trait qui la blesse,
S'entretient de ses feux, et nourrit sa tristesse.

C'EST de là qu'elle a vu ce combat redouté.
Combien de fois, grands dieux, son sein a palpité!
A chaque coup qu'Argant porte d'une main sûre,
Elle sent dans son cœur le fer et la blessure.
Ses regards attentifs suivent leurs mouvemens:
La nuit arrive enfin, et calme ses tourmens.
Cependant elle sait que la sixième aurore,
Exposera les jours du héros qu'elle adore.
Une crainte nouvelle a glacé ses esprits,
Elle pousse en secret de lamentables cris;
Des sanglots, des soupirs, s'échappent de sa bouche,
Et d'un torrent de pleurs elle inonde sa couche.

UN pénible sommeil dans des songes affreux
Présente à ses regards des fantômes hideux,
Des spectres menaçans et des lampes funèbres,
Dont la sombre clarté lutte avec les ténèbres....

Elle voit son amant pâle, défiguré;
Le sang coule à longs flots de son sein déchiré:
Il gémit, il l'implore, et sa voix défaillante
Appelle les secours d'une main bienfaisante.

Ces sons entrecoupés, ses tableaux douloureux,
Sur son front pâlissant font dresser ses cheveux.
Elle rouvre ses yeux pleins d'une humide flamme,
Et le cri de la mort retentit dans son ame.

De trompeuses rumeurs alarment son amour;
On dit que le héros perdra bientôt le jour;
Que percé de cent traits, déjà la mort s'apprête
A dévorer sa proie et plane sur sa tête.
Elle connoît ces mots dont le charme vainqueur
Dans les bras du repos assoupit la douleur:
Au sein des végétaux qu'une main tutélaire
Pour les besoins de l'homme a semés sur la terre,
Elle puise des sucs, et surprend des secrets
Qui du mal dans son cours arrêtent les progrès.
Hélas! que ne peut-elle au gré de son envie
Rendre à son jeune amant l'espérance et la vie!
Quel triomphe flatteur! qu'à ses yeux attendris
Le succès de son art releverait le prix!
Pourquoi l'honneur jaloux, combattant sa tendresse,
Lui fait-il un tourment du desir qui la presse,

Et cache-t-il encore à son cœur combattu,
Le moyen d'accorder l'amour et la vertu ?
C'est au farouche Argant qu'elle se voit forcée
De prodiguer les soins d'une amante empressée :
Quelquefois elle veut sur ce vil Sarrazin
D'une plante empestée exprimer le venin.
Mais non, de son amour déplorable victime,
Ses innocentes mains se refusent au crime :
Elle desire au moins que les sucs sans chaleur
Au guerrier abattu refusent la vigueur.

Pour suivre le penchant qui l'aveugle et l'entraîne,
Dans le camp des Chrétiens elle vivrait sans peine :
Elle craint peu le choc et le bruit des combats.
Quand un heureux vainqueur eut conquis ses états,
Son ame des dangers se forma l'habitude....
Un Dieu même commande à son inquiétude :
Deux rivaux bien puissans, l'honneur, le tendre amour,
Se disputent son cœur, l'égarent tour à tour....
« Eh quoi ! lui dit l'Honneur, malheureuse princesse,
» Veux-tu perdre le fruit de vingt ans de sagesse ?
» Est-ce là ton dessein ? l'oses-tu concevoir ?....
» Quel funeste délire entretient ton espoir ?
» Le soin de ta pudeur est celui de ta gloire :
» Sont-ils en un moment bannis de ta mémoire ?
» Jouet de ton erreur, tu blesses à la fois
» Et l'estime publique, et ton rang, et mes droits ».

« IRAS-TU, réponds-moi, dans ce camp infidèle
» Imprimer sur ton front une tache éternelle;
» Endurer les mépris dûs à la lâcheté,
» Et du sang dont tu sors avilir la fierté?
» Pourras-tu supporter un légitime outrage?
» Ton superbe vainqueur te tiendra ce langage:
» Femme indigne de moi, sans trône et sans parens,
» Quand ton cœur est souillé par de vils sentimens,
» Tu viens me proposer de répondre à ta flamme!
» Va, l'excès de la honte a dégradé ton ame.
» Prodigue, j'y consens, au dernier des soldats,
» Ta jeunesse flétrie et tes faibles appas ».

L'AMOUR, d'une autre part, la séduit et l'attire;
Ses perfides conseils redoublent son martyre.
« Quoi! charmante princesse, au printems de tes jours
» Tu braverais mes feux et me fuirais toujours!
» Pour éviter l'objet dont ton ame est charmée,
» Pour rougir de l'ardeur dont elle est enflammée,
» L'inexorable ciel n'entoura point ton sein,
» Ni d'un dur diamant, ni d'un rempart d'airain.
» Au fond de la Taurique une horrible tigresse
» N'a point d'un lait impur abreuvé ta jeunesse;
» Livre-toi sans remords à tes justes desirs,
» J'ouvrirai sous tes pas la route des plaisirs.
» Crains-tu que ton amant ne méprise tes charmes?
» Eh! ne l'as-tu pas vu, les yeux baignés de larmes,

» Répondre à tes soupirs, partager ta douleur,
» Et trahir, malgré lui, le secret de son cœur?
» Lui, cruel! Ah, c'est toi qui mérites ce titre:
» Ton art est de sa vie et le maître et l'arbitre;
» Tu peux tout... Dans tes mains le sort remit ses jours.
» Pourquoi lui refuser un généreux secours?
» Barbare! ce héros quittera la lumière,
» Tandis que dans ces murs ta bonté meurtrière
» Déshonorant les soins que les dieux t'ont commis,
» Servira les complots de ses vils ennemis.
» Rends au farouche Argant sa coupable existence:
» Voilà donc le tribut de la reconnoissance!....
» Mais n'est-ce qu'à lui seul que tes bienfaits sont dûs?
» Du malheureux Tancrède oubliant les vertus,
» Sa générosité, le prix de ses services,
» Tu veux qu'il meure encor sous tes lâches auspices.
» Attends que son rival lui déchire le sein,
» Qu'il y plonge à loisir un poignard assassin....
» Quoi! tu pourrais remplir ce sanglant ministère?
» Favoriser les vœux d'un indigne adversaire?....
» Belle Herminie, hélas! avec des traits si doux
» Doit-on porter un cœur capable de courroux!

» QUELLE félicité, si ta main protectrice
» Retirait ce héros des bords du précipice!
» Si, rendu par tes soins au plaisir, à l'amour,
» Il pouvait envers toi s'acquitter à son tour!

» Un nouvel incarnat ornerait ton visage.
» En voyant sa beauté, fière de ton ouvrage,
» Sur sa bouche vermeille en cueillant un baiser,
» Tu verrais si c'est moi qui voulus t'abuser.
» Bientôt à ses côtés, de myrthes couronnée,
» Conduisant son amante aux autels d'hyménée,
» A ses chastes flambeaux épurant son ardeur,
» Tancrède désormais te devrait son bonheur.
» Heureux, libre par toi, dans la riche Italie,
» Il te consacrerait le reste de sa vie;
» Assise au premier rang, objet de tous les vœux,
» Tu bénirais l'amour qui forma ces beaux nœuds ».
Ainsi le Dieu trompeur égare avec adresse,
Dans ses piéges divers la crédule princesse,
Prolonge sur ses yeux un fol aveuglement,
Et lui peint du bonheur le fantôme charmant....
Mais d'un nuage épais son ame est oppressée;
Elle craint d'écouter une flamme insensée:
Pourra-t-elle, en effet, hors des murs de Sion,
Pénétrer aisément dans le camp de Bouillon?
Pourra-t-elle tromper les nombreuses cohortes
Qui gardent nuit et jour les remparts et les portes,
Et, parmi les dangers renaissans sous ses pas,
Se frayer des chemins qu'elle ne connaît pas?

COMPAGNE de Clorinde, une amitié sincère
L'unit depuis long-temps à la belle guerrière.

L'usage de se voir en resserre les nœuds;
Souvent un même lit les reçoit toutes deux.
Il n'est point de secrets que la tendre Herminie
Ne dépose sans crainte au sein de cette amie:
Elle les connaît tous.... hors celui de son cœur.

Si Clorinde, par fois témoin de sa douleur,
Veut l'engager à rompre un pénible silence
Et réclamer les droits dus à sa confiance,
Herminie avec art, sur ses premiers malheurs
Egare sa tendresse et rejette ses pleurs.

Un jour que chez Clorinde elle était renfermée,
Tandis que, parcourant les postes de l'armée,
L'amazone du camp visitait les travaux,
Un triste souvenir lui rappela ses maux.
Elle songe aux moyens d'exécuter sa fuite....
Entre mille projets elle flotte.... elle hésite....
L'armure de Clorinde a frappé ses regards....
« Toi, qui joins tant d'attraits au courage de Mars,
» Dit-elle, que ton sort, indomptable guerrière,
» Sème de doux momens le cours de ta carrière!
» Tu trouves le bonheur au milieu des combats....
» Je suis loin d'envier ton nom et tes appas;
» Mais pourquoi la nature et le destin bizarre
» Me refusèrent-ils cette fermeté rare,

» Cette noble valeur qu'on voit briller en toi?
» Ton bras est ta fortune, et ton unique loi.
» J'aurais pu contre un casque échanger ma parure,
» Sous son poids glorieux presser ma chevelure,
» Et quittant à jamais de honteux vêtemens,
» Mépriser comme toi l'amour et ses tourmens.

» En vain l'astre brûlant dont l'Inde est dévorée,
» Eût vomi tous ses feux sur la terre altérée;
» En vain le sombre hiver couronné de glaçons,
» Eût durci les ruisseaux, blanchi le haut des monts,
» Rien n'aurait suspendu ma course impétueuse....
» Inexorable Argant, ta valeur orgueilleuse
» N'eût point été funeste au guerrier que tu hais.
» J'aurais su t'épargner le plus grand des forfaits.
» Je t'aurais précédé dans le champ de la gloire;
» Arrachant de tes mains une indigne victoire,
» Peut-être le hazard eût servi mon amour....
» Peut-être dans mes fers gémissant à son tour,
» Tancrède eût reconnu l'empire d'Herminie....
» La source de mes maux aurait été tarie:
» Ce héros enchaîné de guirlandes de fleurs,
» D'un léger esclavage eût goûté les douceurs;
» Ou si la cruauté de ce ciel qui m'accable
» Eût plongé dans mon sein son glaive redoutable,
» Loin de me plaindre, hélas! j'eusse béni ses coups;
» Heureuse que ma mort appaisât son couroux!

» Mais, franchissant le seuil de la nuit éternelle,
» Au-delà du tombeau je lui serais fidelle :
» Sur ces bords fortunés, trouvant enfin la paix,
» Mon cœur conserverait l'empreinte de ses traits;
» Il idolâtrerait ses vertus et ses charmes....
» Sans doute mon vainqueur m'eût donné quelques larmes.
» O trépas trop tardif! si je dois à ce prix
» Voir finir les rigueurs de l'état où je suis!

» Que dis-je! où m'égarait une vaine pensée?
» Ainsi donc, dans ces murs, tremblante, délaissée,
» Je nourrirai sans cesse un chimérique espoir,
» Soutenu par l'amour, détruit par le devoir!....
» Non, non; rassurons-nous, et connaissons l'audace.
» Ne puis-je revêtir cette lourde cuirasse?
» Ils répugnent sans doute à mes débiles bras,
» Ces traits que le guerrier lance dans les combats,
» Mais qu'importe? Un instant surmontons ma faiblesse...

» Amour, daigne conduire une jeune princesse!
» Guide ses pas errans sur les bords du tombeau;
» Fais briller à ses yeux l'éclat de ton flambeau.
» Tu le sais : à ta voix des êtres plus timides,
» S'ils brûlent de tes feux, deviennent intrépides....
» Et moi, je ne veux point affronter les hazards;
» Puissé-je seulement sortir de ces remparts

» Obtenir un seul mot de l'objet qui m'enflamme,
» Lui peindre les ennuis, le trouble de mon ame,
» Le revoir, m'enivrer d'un moment aussi doux !....
» Que la mort vienne après... je ne crains plus ses coups:
» J'aurai du moins connu ce bonheur que j'envie,
» Et goûté dans un jour tout le prix de la vie.
» L'armure de Clorinde, en servant mon projet,
» Couvrira le succès des voiles du secret :
» Les gardes consacrés aux portes de Solime,
» N'oseront s'opposer au dessein qui m'anime.
» Partons.... Ce stratagême, aussi sûr qu'innocent,
» Va me rendre à la fois la paix et mon amant ».

Herminie à ces mots dépouille sa parure.
Comme une fleur sortant des mains de la nature,
Belle de ses attraits, sans voile et sans atours,
Elle n'a pour témoins que l'essaim des Amours.
Que de charmes trahis par la gaze infidelle,
Dont les plis transparens voltigent autour d'elle !
Que d'appas plus secrets !.... Chaque ornement ôté
Fait éclore une grace, et naître la beauté.

De l'amazone alors elle revêt les armes ;
Un fer dur et pesant a dérobé ses charmes,
Il presse de son col l'éclatante blancheur ;
Son jeune front se peint d'une vive rougeur.

Les trésors de son sein, sa blonde chèvelure,
S'enferment à regret sous cette énorme armure;
Sa tendre main saisit le fatal bouclier....
Elle veut se donner le maintien d'un guerrier.
Vains efforts! Ce fardeau, réservé pour l'audace,
Ralentit tous ses pas, la blesse, l'embarrasse:
Sa lance la soutient.... son corps plie et frémit;
L'Amour veille sur elle, il la voit, et sourit....
Tel il sourit jadis, quand l'invincible Alcide
Oubliant la fierté de son cœur intrépide,
Près d'Omphale avilit le plus beau sang des dieux,
Et tourna le fuseau de son bras glorieux.

Le ciel silencieux se couronnoit d'étoiles,
La nuit aux doux zéphyrs abandonnait ses voiles;
Et son char favorable aux larcins des amans,
Du sommet de l'Ether descendait sur les champs;
Par d'obliques détours sortant de son asyle,
Herminie a gagné les portes de la ville.
Tout s'éloigne, tout cède à son premier aspect,
Cette armure connue imprime le respect.

Dans l'ombre de la nuit sa cuirasse étincelle;
Elle fuit les regards.... Une frayeur mortelle
S'empare de son ame et pénètre ses sens....
Mais la garde obéit à ses premiers accens;

On reconnoît Clorinde. On croit que la guerrière
Par un motif secret se montre à la barrière.
La porte crie et s'ouvre.... Elle sort de Sion,
Et dirige ses pas vers le prochain vallon.

Son écuyer la suit. « Ecoute, cher Tidore;
» Va trouver de ma part le héros que j'adore:
» Tancrède, sous sa tente aujourd'hui renfermé,
» Peut-être en ce moment de douleur consumé,
» Touche au terme fatal de son illustre vie....
» Offre-lui les secours de la tendre Herminie:
» Dis-lui que de son art les secrètes vertus
» Peuvent rendre le calme à ses sens abattus;
» Ajoute, que pour prix d'un si rare service,
» Je n'exige, n'attends qu'un acte de justice;
» Qu'il me donne la paix.... cette paix que l'amour
» Depuis long-temps, hélas ! m'enleva sans retour:
» Dis-lui, que connoissant son noble caractère,
» J'implore, sans rougir, une faveur bien chère.
» Sois prudent, sois discret, et crains de me trahir....
» Mais je m'alarme en vain.... tu ne sais qu'obéir.
» S'il veut t'interroger, garde un profond silence;
» Moi je puis dans ces lieux rester en assurance.
» Cours, vole, le retard nuirait à mes desseins;
» Ma gloire, mon bonheur reposent dans tes mains ».
De son coursier, Tidore a balancé les rênes,
Et le pousse aussi-tôt vers les tentes chrétiennes.

Il parvient au héros.... Tancrède, impatient,
Ecoute avec transport ce message important.
Sur son front tout pensif la gaité se déploie....
« Je bénis la bonté de celle qui t'envoie ;
» Elle me tait son nom, ce mystère est ma loi,
» Et mon profond respect est garant de ma foi.
» Qu'elle entre.... c'est le ciel qui me rend à la vie.

Il dit.... et l'écuyer va rejoindre Herminie.
Cependant la princesse a compté tous ses pas.
« Tidore, disait-elle, au milieu des soldats
» Se ménage sans doute un accueil favorable...
» On le mène à Tancrède.... O bonté secourable !....
» Il lui parle.... il le voit.... Ce guerrier malheureux
» Daigne agréer mes soins, et rend graces aux dieux....
» Mais non, il les rejette... Eh! pourquoi, cher Tancrède,
» Refuser d'adoucir le mal qui me possède ?....
» Je me suis abusée.... O pénibles tourmens !....
» Il revient.... de mon cœur j'en crois les mouvemens :
» C'est lui.... je l'entrevois.... Non, le cruel Tidore
» A mes tristes regards ne s'offre point encore ».

Ainsi la jeune amante accuse sa lenteur ;
Elle tremble, soupire, et gagne une hauteur,
D'où son œil inquiet plane sur la campagne :
Une fraiche rosée humectait la montagne.

L'inégale Cinthie aux rives du couchant
Versait les pâles feux de son disque d'argent;
Sur le front de la nuit l'astre de Cythérée
Inondait de flots d'or la surface éthérée;
Aucun nuage épais n'obscurcissait les airs,
Et les vents se jouaient dans les bocages verts.

L'AMOUREUSE beauté confie à la nature
Ses desirs, ses projets, et les maux qu'elle endure:
Ce ciel silencieux et le repos des champs,
Des peines de son cœur sont les seuls confidens.
Sur le camp des Chrétiens elle jette la vue....
« Toi, qui causes l'ennui de mon ame éperdue,
» Dit-elle, quel air pur circule dans ton sein!....
» Ah! si jamais le ciel, touché de mon destin,
» Daignait rendre le calme à ma vie agitée,
» Des orages du monde à jamais écartée,
» Peut-être je pourrais arrêter dans son cours
» Ce bonheur que je cherche, et qui me fuit toujours.
» Oui, je pourrais du moins, dans ta paisible enceinte,
» Couler mes derniers ans sans remords et sans crainte,
» Et retrouver encore auprès de mon vainqueur,
» Cette douce pitié nécessaire à mon cœur.
» Je ne demande point mon antique couronne;
» Herminie aux Latins sans regret l'abandonne,
» Contente de servir sous leurs fameux drapeaux,
» Et de suivre de loin les traces des héros».

Elle dit. Mais, hélas ! la fortune cruelle
S'apprête à lui porter une atteinte nouvelle.
Sur ses armes, alors, des rayons réfléchis
Vont frapper les regards des Chrétiens indécis;
On la prend pour Clorinde.... Oliferne et Lyncée
Commandaient dans le camp une garde avancée.
A ce tigre odieux qui brille dans la nuit,
Oliferne s'avance.... il le voit, et frémit.
Son père, sous les coups de la fière amazone
La veille était tombé dans les champs de Bellone :
Il lance un javelot; mais le trait impuissant,
Dans les vagues de l'air s'égare en frémissant.

Telle, au milieu des bois, une biche timide,
Dans le creux des rochers cherche une onde limpide;
De la douce fraîcheur elle goûte le prix,
Bondit légérement sur les gazons fleuris,
Quand l'avide chasseur trompe son espérance :
Plus prompte que l'éclair, elle fuit et s'élance,
Parcourt de la forêt les détours sinueux,
Et sur l'aile des vents se dérobe à ses yeux.
Telle Herminie en proie au feu qui la dévore,
Croit serrer dans ses bras le héros qu'elle adore;
Par un charme inconnu tout son cœur est séduit.
Quand soudain le dard siffle.... A son horrible bruit,
Oubliant ses projets et le soin qui la presse,
Elle quitte des lieux si chers à sa tendresse;

Son rapide coursier obéit à sa main,
Et l'éloigne bientôt de ce camp inhumain.
Oliferne la suit; mais il ne peut l'atteindre.
De retour vers Bouillon, il lui dit qu'on doit craindre
Que cette nuit n'amène un fâcheux accident;
Que Clorinde naguère a paru près du camp;
Mais que l'obscurité trahissant sa colère,
A sauvé du trépas l'imprudente guerrière.
Soudain cette nouvelle a par-tout retenti:
Ivre de son bonheur, quoiqu'encore affaibli,
Tancrède a revêtu son armure brillante.
« N'en doutons point, dit-il, c'est la plus tendre amante,
» Qui, sensible peut-être aux maux que j'ai soufferts,
» Venait par sa présence adoucir mes revers;
» Amour! dieu bienfaisant, je puis te rendre graces ».
Il dit, prend son coursier, et vole sur ses traces.

FIN DU CHANT SIXIÈME.

LA

JÉRUSALEM DÉLIVRÉE.

CHANT SEPTIÈME.

SOMMAIRE

DU CHANT SEPTIÈME.

HERMINIE arrive chez un berger. Toujours remplie du même amour, elle vit dans cette solitude et garde les troupeaux. Tancrède croyant marcher sur les pas de Clorinde, s'égare, combat Raimbaud, et tombe dans les fers d'Armide. Argant propose un nouveau cartel. Le comte de Toulouse est choisi par le sort pour se mesurer avec lui. Mêlée entre les Chrétiens et les Musulmans. Orage épouvantable qui sépare les deux armées. Godefroi rentre dans son camp.

CHANT SEPTIÈME.

LOIN du camp des Chrétiens Herminie agitée,
Au gré de son coursier fuyait épouvantée.
Le fougueux animal, plus rapide qu'un trait,
Se perd dans l'épaisseur d'une vaste forêt.
Herminie en frémit; elle respire à peine,
Et plonge au sein de l'ombre une vue incertaine.
Le bruit le plus léger retentit sur son cœur,
Et pénètre ses sens d'une secrète horreur.
Son oreille abusée entend par-tout des plaintes;
Le jour paraît enfin, et modère ses craintes:
Mais elle marche encor sans guide et sans conseil.

QUAND le dieu de Délos sur un char moins vermeil
Laisse Diane en paix consoler la nature,
Aux bords où le Jourdain roule son onde pure
La princesse s'arrête, et de ses cris plaintifs
Eveille les échos et les bois attentifs.
L'infortunée en proie à ses vives alarmes,
S'étend sur le rivage et s'abreuve de larmes.
Mais ce présent du ciel, ce doux consolateur,
Qui sous le poids heureux de son sceptre enchanteur,

Nous donne le repos et l'oubli de nos peines,
Le sommeil balançant ses ailes souveraines,
Sur la belle princesse épanche ses pavots,
Et borne dans leur cours sa douleur et ses maux
Mille songes divers égarent sa pensée....
O délire! ô tourmens d'une amante insensée!
Tantôt elle croit voir Tancrède à ses genoux,
Imprimant sur sa main le baiser le plus doux;
Il jure de l'aimer, de lui rester fidèle:
Tantôt dans ses regards la fureur étincelle;
La menace à la bouche il rejette ses vœux....
Herminie effrayée a rouvert ses beaux yeux.

ALORS la nuit fuyait, et l'aube matinale
Mêlait à l'or des cieux le rubis et l'opale;
Les oiseaux amoureux célébraient le retour
De l'astre bienfaisant qui dispense le jour,
Et la fleur se dressant sur sa tige épuisée,
Pompait dans son calice une fraîche rosée.
La princesse regarde; elle voit des troupeaux;
Plus loin, un toît rustique et de rians côteaux,
Des bergers réunis sous un dais de feuillage,
S'abandonnaient aux jeux d'un tendre badinage.
La profondeur des bois, les échos des vallons
Répétaient tour à tour leurs naïves chansons.
Etendu mollement sur les vertes fougères,
Un vieillard souriait à leurs danses légères,

Son œil brillait de joie, et le flexible osier
Sous ses débiles mains se courbait en panier.
« Hélas! tout est heureux, dit l'aimable princesse;
» Moi seule je languis et soupire sans cesse ».

Son aspect intimide et trouble les bergers....
Cette armure, ces traits qui leur sont étrangers,
(Dans leurs sens éperdus jettent la défiance);
Des jours de l'âge d'or, telle fut l'innocence!
Mais elle les salue, et découvre à leurs yeux
Son regard enchanteur et l'or de ses cheveux....
« Rassurez-vous, amis, continuez ces fêtes;
» Je ne viens point ici pour menacer vos têtes,
» Dit-elle; reprenez vos travaux et vos chants;
» Le bonheur, je le sais, n'habite que les champs.
» Bon vieillard, poursuit-elle: Eh quoi! dans cet asyle,
» Au milieu des dangers, seul vous êtes tranquille!
» Mon père, ignorez-vous que de nombreux soldats
» Livrent l'Asie entière aux horreurs des combats»?

— « Mon fils, lui répond-il, dans mon humble chaumière
» Qu'aurais-je à redouter des fureurs de la guerre?
» J'ignore dans ces lieux, grace à ma pauvreté,
» Tous les malheurs produits par la cupidité.
» Sans doute que le ciel protège l'indigence.
» Sur les lambris dorés, séjour de l'opulence,

» La foudre avec fracas peut tomber quelquefois ;
» Elle écrase les grands et la tête des rois.
» Mais nous, qui n'offrons rien à l'étranger avide,
» La médiocrité nous prête son égide.
» Ici, je ne crains point qu'une perfide main,
» Pour ravir mes trésors me déchire le sein ;
» Les seuls dons de Cérès tombant sous ma faucille,
» Fournissent aux besoins de ma tendre famille.
» Pauvre, mais satisfait, au bord de ces ruisseaux
» Je vois couler mes jours aussi purs que leurs eaux.
» Deux fois quarante hivers ont suivi ma naissance;
» Du Dieu qui me créa j'adore la clémence.
» Dès mes plus jeunes ans j'ai chéri la vertu;
» Mon cœur par les revers ne fut point abattu,
» Et sous un ciel serein, à ses ordres docile,
» La mort, sans m'étonner, dissoudra mon argile.

» JAMAIS l'ambition dans ses songes trompeurs,
» N'entraîna ma jeunesse à de folles erreurs.
» Borné dans mes desirs, né libre, et fier de l'être,
» Je vis obscurément dans ce réduit champêtre.
» Le lait de mes brebis ruisselle entre mes doigts;
» Les fruits de mon jardin se disputent mon choix,
» Et quand sur les côteaux, tout chante les louanges
» De la belle Pomone, et du dieu des vendanges,
» Je recueille sans frais un vin dont la chaleur

» Dans mon corps affaibli ramène la vigueur.
» Ici, je ne dois rien à des mains mercénaires;
» Mes troupeaux sont gardés par un peuple de frères.
» Sans cesse autour de moi, ma femme, mes enfans,
» Epargnent le travail à ces bras languissans.
» J'aime à voir les agneaux bondir dans la prairie;
» Et promenant par fois ma douce rêverie,
» Dans une plaine immense, ou des bois reculés,
» Je jouis des tableaux à ma vue étalés :
» D'un œil reconnaissant j'observe la nature;
» Je la suis dans sa marche aussi lente que sûre :
» Tout, jusques dans ses jeux m'annonce l'Eternel
» Qui daigne l'embellir d'un souffle paternel.

» J'AI connu des humains les faveurs mensongères.
» Dans les palais des rois entourés de chimères,
» Je vécus à Memphis, intendant des jardins,
» Et j'y sus démasquer l'orgueil des souverains.
» Jouet pendant long-temps d'une vaine espérance,
» J'adorai ces mortels que le vulgaire encense;
» Enfin, je regrettai le berceau de mes ans,
» Et quittai l'atmosphère où respiraient les grands.
» De retour dans les bois, à l'abri des orages,
» Pour moi le jour, depuis, s'est levé sans nuages :
» Ennemi des tyrans, détestant leurs bienfaits,
» Je me livre à loisir aux douceurs de la paix ».

Il se tait. Cependant Herminie attentive,
Recueille ce discours dont l'attrait la captive.
Le ton de ce vieillard, sa candeur, ses accens
Appaisent par degrés l'orage de ses sens;
Ils pénètrent son cœur, et déjà sa tendresse
Se calme et s'adoucit au cri de la sagesse.
« O mortel fortuné ! compatis à mes maux ;
» Daigne me recevoir au sein de ces hameaux !
» Peut-être auprès de toi ma triste destinée
» Au désespoir, hélas ! dès long-temps condamnée,
» Pourra trouver enfin, sous tes paisibles toîts,
» Ce bonheur qui s'y fixe et descend à ta voix.
» Si ces biens recherchés du stupide vulgaire,
» Si cet or corrupteur pouvaient te satisfaire,
» Parle : tous mes trésors vont passer dans tes mains;
» Trop heureuse par eux d'accomplir mes desseins » !

Le berger attendri refuse ses largesses;
Son cœur n'est point épris de frivoles richesses.
Il pleure sur son sort, se prête à ses desirs,
Et l'amène chez lui goûter de vrais plaisirs:
La fille d'un monarque y dépouille la soie,
Et ces vains ornemens que le luxe déploie.
Riche de sa beauté, sous de simples habits,
Sur les bords d'Idalie ont eut cru voir Cypris.
Cette noble fierté peinte sur son visage,
Ce port majestueux, ce sublime langage,

Sous un voile grossier percent trop aisément....
Amour ! tu t'applaudis de ce déguisement....
La houlette remplace un sceptre héréditaire.
Seule, au lever du jour, sortant de sa chaumière,
Dans un gras pâturage elle paît ses troupeaux :
Le soir, quand le soleil se cache sous les eaux,
Ramenant au bercail ses compagnes fidelles,
Elle exprime le suc de leurs douces mamelles.

Souvent quand du midi les brûlantes chaleurs
De la rose et du lys ternissent les couleurs,
Elle aime à s'égarer dans des bosquets champêtres,
A graver avec soin sur l'écorce des hêtres
Des chiffres amoureux l'un à l'autre enlacés....
A sa mémoire alors ses malheurs retracés
Redoublent ses regrets, nourrissent l'amertume
Dont son cœur ulcéré chaque jour se consume.
Les yeux baignés de pleurs.. « Vous, mes seuls confidens,
» Dit-elle, de mes feux solitaires garans,
» Arbrisseaux, conservez à la race future,
» Le cruel souvenir des peines que j'endure:
» Si quelque amant fidèle, en respirant le frais,
» Venait se reposer sous votre ombrage épais,
» Que sa pitié s'éveille en lisant mon histoire:
» Il saura qu'Herminie, au faîte de la gloire,
» Perdit en un seul jour ses états et son cœur;
» Qu'elle ne put fléchir un barbare vainqueur....

» Peut-être à ce tableau, dans son ame ingénue,
» Il entendra frémir la nature éperdue;
» Il dira.... La fortune aurait dû protéger
» Une ardeur que le temps a craint de soulager....
» Ou plutôt, que la mort ferme ici ma paupière:
» Eh! n'ai-je pas assez supporté la lumière!
» Impitoyable dieu dont je subis les lois,
» Je t'implore aujourd'hui pour la dernière fois;
» Exauce les souhaits de la tendre Herminie:
» Par pitié, par égard, arrache-moi la vie.
» Que l'insensible un jour, égaré dans ces lieux,
» Sur mon dernier asyle arrête au moins les yeux;
» Qu'il foule sans horreur cette tombe sanglante,
» Redoutable dépôt de sa fidelle amante;
» Alors de ses dédains il connaîtra le fruit.
» Mais, quoique dans le fond de l'éternelle nuit,
» Mon cœur tressaillira, si ses larmes tardives
» Coulent un seul moment sur mes cendres plaintives».

Tancrède cependant que conduit le hasard,
Cherche par-tout Clorinde, erre de toute part:
Il arrive bientôt dans une forêt sombre;
La nuit l'enveloppait de l'horreur de son ombre.
Là, son ame est en proie à de nouveaux combats;
Il croit voir son amante au milieu des soldats:
Il entend leurs coursiers. Si des hiboux funèbres
Poussent des cris plaintifs à travers les ténèbres;

Si des chênes altiers, agités par les vents,
Balancent dans les airs leurs rameaux ondoyans,
Le héros est glacé d'une terreur secrète....
Il quitte en frissonnant cette obscure retraite,
Et dirige ses pas, incertain, absorbé,
A la pâle lueur du croissant de Phébé.

Un bruit sourd vient frapper son oreille attentive;
Il approche, et découvre une onde fugitive,
Qui du creux des rochers tombe en nappes d'argent,
Et sur un lit de fleurs s'éloigne en serpentant.
Le malheureux amant gémit de sa méprise:
Que fera-t-il alors?.... Dans son ame indécise
Mille pensers nouveaux se heurtent tour à tour....
Enfin il voit briller les premiers traits du jour.
Confus, désespéré d'une recherche vaine,
Un triste souvenir vient augmenter sa peine;
L'honneur impérieux lui rappelle l'instant
Qui doit recommencer son combat contre Argant.
Par des sentiers douteux il revient en silence
Vers le camp des Chrétiens, quand un courrier s'avance.
« Bohemond, lui dit-il, m'adresse à Godefroi ».
Tancrède à ce langage ayant ajouté foi,
Le suit sans se douter de sa perfide adresse.

Ils arrivent le soir près d'une forteresse

Assise et s'élevant sur un lac paresseux
Sillonė par des joncs et des roseaux mousseux.
« Chrétien, dit le courrier, dans ce fort redoutable
» Tu peux goûter sans crainte un repos agréable;
» Cosense l'a conquis sur les fiers Sarrazins ».
Tancrède est étonné; mais ses regards sereins
Ne font point éclater sa juste défiance,
Et sur les bords du pont lentement il s'avance.
Soudain il voit paraître un guerrier ménaçant:
Son maintien est farouche; un glaive flamboyant
S'agite dans ses mains, et de sa bouche impure
Il vomit à la fois le blasphême et l'injure.

« O toi! que le malheur a conduit dans ces lieux,
» Dit-il, tu peux gémir sur ton sort rigoureux:
» Apprends qu'Armide ici commande en souveraine;
» Dépouille ton armure, et, captif dans sa chaîne,
» Subis avec respect son empire et ses lois:
» Mais la vie ou la mort sont encore à ton choix.
» Jure de renoncer à la foi de tes pères,
» D'oublier à jamais de frivoles chimères,
» De punir avec nous tes stupides Chrétiens,
» Ou bientôt dans ces murs, sous le poids des liens,
» Tu te repentiras d'un refus qui l'offense ».
Tancrède, à ce discours, l'envisage en silence.
Dieux! il le reconnaît; c'est le lâche Raimbaud,
Qui jadis défendit la cause du Très-Haut;

Mais aujourd'hui vaincu par l'amour qui l'égare,
Il abjure son Dieu pour un culte barbare.

Une pieuse horreur enflamme le héros,
Et son brûlant courroux s'exhale dans ces mots :
« Frémis, vil apostat ! et reconnais Tancrède.
» Dût l'enfer qui te guide accourir à ton aide,
» Il ne peut te soustraire aux efforts de mon bras....
» Eh quoi ! de l'Eternel tu quittes les soldats !
» Misérable ! où t'entraîne un infâme délire ?
» Ministre de ce Dieu dont le pouvoir m'inspire,
» Tu vas, en recevant un trépas mérité,
» Expier ton parjure et ton impiété ».

A ce nom glorieux, l'infidèle frissonne ;
Il se trouble et pâlit, sa fierté l'abandonne ;
Mais cachant sa frayeur : « C'est à toi de trembler ;
» Tu sauras qui de nous le sort doit accabler.
» Il est temps de quitter ce superbe langage :
» Ici vont expirer ta force et ton courage,
» Et ta tête sanglante envoyée à Bouillon,
» L'instruira des succès de son fier champion ».
Il se tait ; cependant, taciturne et voilée,
La nuit roulait son char sous la voûte étoilée.
Soudain l'air est en feu, plus de mille flambeaux
Eclairent de ce fort les antiques créneaux :

Sur le haut d'une tour Armide s'est assise:
Aux accens de sa voix la nature est soumise,
Les yeux les plus perçans ne sauraient l'entrevoir....
Dans le cœur de Raimbaud elle souffle l'espoir,
Et de son art fatal épuise tous les charmes.

Il tire son épée, et caché sous ses armes,
Cherche un endroit plus faible où son bras affermi
Puisse d'un trait mortel percer son ennemi.
Tancrède le fatigue, évite avec adresse
Des coups dont la fureur égare la justesse;
Déjà de l'infidèle il fait couler le sang;
Il le presse, il l'ébranle, et son œil foudroyant
Lance sur l'apostat les éclairs et la flamme....
La honte et les remords descendent dans son ame.
Assiégé par la crainte, éperdu, furieux,
Retenu par l'amour, brûlant de tous ses feux,
Il saisit des deux mains sa redoutable épée:
Vains efforts... son attente est encore trompée.
Tancrède en ce moment a le ciel pour appui;
L'ange exterminateur qui marche devant lui
Ecarte les périls et veille sur sa tête....
Tel le cèdre au Liban se rit de la tempête.
Raimbaud, glacé d'effroi, n'ose plus redoubler;
Tancrède le poursuit, et le fait reculer....
Son audace s'éteint.... sa force est affaiblie.

MAIS l'enfer vient alors au secours de l'impie;
Un voile ténébreux enveloppe les airs,
L'obscurité renaît et couvre l'univers.
Raimbaud a disparu dans l'épaisseur des ombres....
Tancrède erre long-temps sous ces portiques sombres :
Il avance au hasard des pas mal assurés....
Sur le seuil d'une porte ils tombent égarés:
Elle s'ouvre; les gonds avec fracas mugissent,
Et de leurs cris affreux les voûtes retentissent;
Dans un profond cachot il se voit renfermé:
En vain d'un bras puissant, par la rage animé,
Il veut de sa prison rompre l'indigne obstacle;
Sa vigueur est déçue.... Alors, d'un ton d'oracle,
Une lugubre voix prononce ce discours:

« A ta force, Chrétien, cesse d'avoir recours,
» Armide dans ses fers te retient en esclave;
» Elle punit ainsi le mortel qui la brave:
» La douleur par degrés, au fond de ce tombeau,
» De tes jours languissans éteindra le flambeau.
» —Ah! je regrette peu l'éclat de la lumière,
» Répondit le héros; mais, ô belle guerrière!
» Toi dont j'eusse peut-être adouci la rigueur,
» Je te perds pour jamais, et voilà mon malheur».
Le souvenir d'Argant ajoute à sa tristesse.
« Infortuné, dit-il, j'ai trahi ma promesse:

» O fatale imprudence ! ô pénibles tourmens !
» Un lâche Sarrazin, fidèle à ses sermens,
» Pourra me devancer dans les champs de la gloire,
» Et d'un juste reproche avilir ma mémoire » !

MAIS tandis qu'à la fois, et l'amour et l'honneur
Accroissent ses remords et déchirent son cœur,
L'audacieux Argant, dans sa valeur fougueuse,
S'indigne de presser encor la plume oiseuse;
L'aurore amène enfin ce jour tant desiré.
A peine l'horizon faiblement éclairé,
S'imprégnait des couleurs de la rose vermeille,
Le barbare frémit, s'agite et se réveille:
Il s'arme, il se saisit de son lourd bouclier,
Et son corps gigantesque est caché sous l'acier.
Telle on voit dans les cieux la comète effrayante,
A cheveux enflammés, à queue étincelante,
De la nature entière interrompre les lois,
Et jusques sur le trône épouvanter les rois;
Tel le féroce Argant s'élance plein de rage:
La haine et la vengeance allument son visage;
Ses yeux roulent cachés sous des sourcils épais,
Et l'horreur de la mort respire dans ses traits.
Que peuvent contre lui la prudence ou l'audace?
Il n'est point de mortel que son aspect ne glace:
Il fait briller son glaive, il en frappe les airs,
Et sa voix retentit jusqu'au fond des enfers.

« Bientôt ce vil Chrétien couché sur la poussière,
» Percé de mille traits fermera sa paupière :
» En dépit de ses dieux, malgré ses vains efforts,
» Je pourrai de ma haine assouvir les transports ;
» Mon bras victorieux arrachera ses armes....
» Ah ! que ce doux moment aura pour moi de charmes !
» De son corps palpitant, d'immondes animaux
» Viendront se disputer les horribles lambeaux ».

Tel un taureau brûlé d'une flamme jalouse,
Se tourmente et bondit sur la verte pelouse ;
L'écho des bois répond à ses mugissemens,
Et ses dards tortueux luttent contre les vents ;
Déjà tout inondé d'une écume fumante,
Il trouble les plaisirs de sa perfide amante :
Son pied creusant la terre en fait jaillir des feux,
Et de loin il menace un rival odieux.

Tel Argant.... « Cours, dit-il, au fidèle Pindore,
» Annoncer le combat au Chrétien que j'abhorre ».
Soudain sur un coursier, et précédé d'Othon,
Il s'éloigne des murs de l'antique Sion.
Devant le général le héraut se présente,
Et donne le défi d'une voix menaçante.
Mais le sage Bouillon ne peut fixer son choix :
Les braves compagnons qu'il avait autrefois,

Dispersés loin du camp, le laissent sans défense;
Renaud, qui de Gernand châtia l'arrogance,
L'invincible Renaud, dans de lointains climats
Signale son courage et promène ses pas:
Tancrède a disparu.... Bohemond sur le trône,
S'occupe à rehausser l'éclat de sa couronne.
D'autres, non moins fameux, jouets de leurs erreurs,
De la perfide Armide ont servi les fureurs;
Le reste frémissant, et la tête baissée,
Immobile de crainte et la langue glacée,
Ne présente à Bouillon que de timides bras....
« Et moi, dois-je languir éloigné des combats,
» Dit le héros Français? au sein de la mollesse
» Dois-je rendre Aladin témoin de ma faiblesse?
» Non, jamais.... Compagnons, si jadis votre choix
» Daigna me confier le plus beau de vos droits,
» Je serais aujourd'hui couvert d'ignominie
» Si l'audace d'Argant demeurait impunie:
» Qu'on me donne une épée, et, dussé-je périr,
» Je sais que pour nos lois il est beau de mourir ».

Il dit; et cependant on apporte ses armes;
Un généreux courroux lui fait verser des larmes.
Soudain Raymond s'approche, et lui tient ce discours:
« Nous ne souffrirons pas qu'en exposant tes jours,
» A de nouveaux dangers tu livres ton armée....
» Tu n'es point un soldat. Si la mort affamée,

» De ce sang précieux osait tarir les flots,
» Où serait, réponds-moi, l'espoir de ces héros?
» N'est-ce pas sur toi seul qu'est fondé leur empire?
» A l'ombre de ton nom Jérusalem respire;
» Le sceptre est dans tes mains pour diriger nos pas,
» Et c'est nous qui devons affronter les combats».

» Moi-même le premier, blanchi sous mon armure,
» Je ne veux point traîner une vieillesse obscure.
» Ce corps, quoiqu'affaibli, conserve sa fierté;
» Formé par les revers mon cœur est indompté.
» Que d'autres, se parant d'une vaine prudence,
» Effrayés des périls restent dans l'indolence....
» Eh! que ne suis-je encore à la fleur de mes ans!
» Que n'ai-je ce beau feu, ces transports renaissans,
» Qui guidèrent jadis mon ardente jeunesse!
» On verrait si Raymond sait tenir sa promesse.
» Il me souvient encor de ce jour fortuné,
» Où ce fer, aux regards du Germain étonné,
» Terrassa Léopold, et par cette victoire
» Me plaça, quoiqu'enfant, au temple de mémoire».

» Ah! si la même ardeur habitait dans mon sein,
» Déjà j'aurais puni cet altier Sarrazin:
» N'importe, du succès mon espoir est le gage;
» Et dût-il me trahir, au déclin de mon âge

» Le dernier de mes jours dignement employé
» Satisfera du moins aux vœux de l'amitié.
» Allons, je vais m'armer.... Trop heureuse journée!
» Termine avec éclat ma haute destinée ».
Ces généreux accens ont réveillé l'ardeur:
Chacun de ces guerriers sent palpiter son cœur;
Chacun s'arme à l'envi d'une nouvelle audace.
Mais déjà le vieillard a chargé sa cuirasse :
Godefroi dans ses bras le presse avec transport.

» TON dessein, cher Raymond, est un arrêt du sort;
» Oui, ce n'est qu'en toi seul que brillent ce courage
» Et ces rares vertus, symbole d'un autre âge.
» Instruits à ton école, animés par ta voix,
» Nos timides soldats devraient suivre tes lois:
» Si le zèle sacré dont tu nourris les flammes
» Epurait leur vaillance et réchauffait leurs ames,
» Qui pourrait dans leur cours arrêter nos projets?....
» Nous verrions l'univers soumis à nos décrets.
» Des bords glacés du Rhin aux bords brûlans du Phase,
» Et des mers du Bosphore aux rochers du Caucase,
» L'étendard de la croix, arboré par nos mains,
» Terminerait les maux et l'erreur des humains.
» Cependant, cher ami, n'affronte point l'orage,
» Réserve ta valeur pour un plus digne usage,
» Ou permets que le sort choisisse le guerrier
» Qui doit ceindre son front de ce nouveau laurier ».

Alors il prend les noms, les compte, les rassemble,
Et dans une urne d'or il les agite ensemble.
On les tire.... O prodige ! ô douce illusion !
Le premier qui paraît est celui de Raymond.
L'air retentit au loin de mille cris de joie;
Sur le front des guerriers la gaîté se déploie;
Nul n'envie au vieillard ce bien inespéré....
D'un feu pur et brillant son teint s'est coloré;
La jeunesse en sa fleur renaît sur son visage.
Ainsi, quand le printemps reverdit le feuillage,
Le serpent plus agile étale à l'œil du jour,
De l'or qui le revêt l'éclat et le contour;
Le sage général détache son épée....
« Dans le sang du Saxon cette main l'a trempée;
» Raymond, que dans la tienne elle soit aujourd'hui
» Le gage du triomphe, et ton plus ferme appui ».

Le farouche Satrape est déjà dans la plaine,
Et brûle d'assouvir la rage qui l'entraîne.
« O peuples indomptés ! superbes conquérans !
» Quoi ! vous perdez encor de précieux instans ?
» Dit-il, qu'attendez-vous ?.... C'est moi qui vous défie.
» Qu'il vienne ce héros, la terreur de l'Asie;
» Ou s'il n'ose approcher, dignes rivaux de Mars,
» Rassemblez contre moi vos bataillons épars :
» Armez-vous. La voilà cette ville orgueilleuse,
» Du puissant Aladin retraite fastueuse.

» Ce chemin y conduit.... Acquittez-y vos vœux,
» Et recueillez le prix de vos exploits fameux ».

Raymond est indigné d'une telle arrogance;
Sur son brillant coursier aussi-tôt il s'élance.
On le nomme Aquilin ; et ce nom emprunté,
Du monarque des airs retrace la fierté.
Il naquit sur les bords arrosés par le Tage :
C'est-là que la cavale, en un gras pâturage,
Quand la jeune saison ramène les zéphyrs,
Méprisant de l'amour les vulgaires plaisirs,
Par l'haleine des vents conçoit et devient mère.
L'aigle altier qui s'élève au-dessus du tonnerre,
Et nage sans effroi dans les rayons du jour,
Quitte avec moins d'orgueil le terrestre séjour.
L'albâtre le plus pur sur son corps étincelle,
L'éclair brille et jaillit de sa vive prunelle;
Qu'il coure sur l'arène, ou qu'il vole aux combats,
L'œil ne peut distinguer la trace de ses pas.

Le généreux vieillard, vers la sphère éclatante
Elève cependant sa prière fervente :
« O toi! qui de David guidas la faible main,
» Quand il dompta l'orgueil du cruel Philistin,
» Daigne verser sur moi ta grace salutaire,
» Et que ton ennemi morde enfin la poussière!
» Accorde la victoire à ces bras languissans ».

Il dit ; et l'Eternel sourit à ses accens.
Il choisit aussi-tôt dans sa troupe immortelle,
De ses profonds décrets l'interprète fidèle.
L'ange qui de Raymond a réglé les destins,
Doit sur lui du Très-Haut accomplir les desseins.
Il monte sur le roc où reposent ces armes
Qui remplissent le monde et d'horreur et d'alarmes :
Là restent en dépôt ces invisibles traits
Qui frappent à son gré les rois et leurs sujets ;
Là se conserve encor cette lance céleste
Qui punit le serpent de son conseil funeste ;
Là brillent ce trident et ces feux redoutés
Qui dans leurs fondemens ébranlent les cités.
Dans ce vaste arsenal un bouclier immense
Couvrirait l'univers de sa circonférence ;
Un saphir le compose, et c'est à son abri
Que des coups du malheur le sage est garanti.

Raymond est dans la lice ; Argant le considère
Et ne reconnaît point son illustre adversaire.
Il demande Tancrède, et son orgueil blessé
S'inquiète et frémit de le voir remplacé.
Graces à ton destin, ce guerrier redoutable
Porte en d'autres climats son courage indomptable.
Crois-tu que pour te vaincre il faille qu'un héros
Suspende un seul moment le cours de ses travaux » ?

Le superbe en sourit. « Ah ! sans doute la crainte,
» De son camp aujourd'hui lui fait franchir l'enceinte ;
» Mais qu'il n'espère pas échapper à mes coups,
» Rien ne peut le sauver de mon juste courroux.
» Fût-il enseveli sous l'abîme des ondes,
» Habitât-il des monts les cavernes profondes,
» Je saurai le trouver.... — Tu mens, vil imposteur !
» Quand tu dis qu'un héros a connu la terreur :
» Un si lâche soupçon dévoile ta bassesse,
» Il m'a chargé du soin de remplir sa promesse :
» Viens donc ; et dût l'enfer prendre soin de tes jours,
» Tu vas payer bien cher ces insolens discours.

— » Eh bien ! fier inconnu, je t'accepte à sa place ;
» Ce bras toujours vainqueur va punir ton audace ».
En achevant ces mots, ces illustres guerriers
Pressent les larges flancs de leurs fougueux coursiers,
Et de leurs casques d'or abaissant les visières,
Ils agitent tous deux leurs lances meurtrières ;
Tous deux volent.... Argant enflammé de courroux,
A son digne rival porte les premiers coups.
Mais l'invisible bras qui veille sur sa vie,
Détourne loin de lui la lance de l'impie.
Furieux, il la rompt, et le regard brûlant,
Fait siffler dans les airs son glaive étincelant.
Le vieillard en sourit, et d'une main plus sûre
Perce son ennemi d'une double blessure.

Le léger Aquilin lui prête son secours,
S'éloigne, fuit, revient et décrit cent détours.
L'infidèle blasphême, et frappé sans relâche,
Mugit tel qu'un taureau qui tombe sous la hache.
Trois fois le fer du comte a déchiré son flanc;
Le sable s'est trois fois abreuvé de son sang.
Trois fois il veut saisir l'ennemi qu'il abhorre.
Sa rage en vain s'accroît, en vain s'allume encore;
Ses coups multipliés se perdent dans les vents,
Et son bras se consume en efforts impuissans.
Enfin il fait tomber sur le casque du comte
Sa redoutable épée.... O désespoir! ô honte!
Le glaive en mille éclats se brise sur l'acier....
Mais non; l'ange opposa le divin bouclier.
L'infidèle étonné, pâlit, soupire et jette
Sur sa main désarmée une vue inquiète.

Argant, tu périssais, si l'esprit infernal
N'eût enfin terminé ce combat inégal.
Il a pris de Clorinde et les traits et les armes;
On reconnaît son port, son geste et tous ses charmes...
Le fantôme va joindre un archer Sarrazin.
« Que fais-tu, lui dit-il, ô fameux Oradin?
» Ne vois-tu pas Argant tout près de sa ruine?
» En sauvant ce héros, sauve la Palestine.
» Quel revers, justes dieux! si, brisant ses liens,
» La mort nous enlevait ce fléau des Chrétiens!

» Choisis dans ton carquois une flèche homicide;
» Quelle perce le cœur de ce guerrier perfide.
» On ne dira jamais qu'il ait pu l'emporter.
» Toi, compte sur le prix que tu vas mériter».
Oradin est séduit.... La flèche meurtrière
Siffle, et trace dans l'air un sillon de lumière;
Elle atteint le héros : il chancèle, il pâlit;
Mais l'ange voit le coup, et son bras l'affaiblit.
Godefroi gémissant de cette perfidie,
Se livre à la fureur dont son ame est remplie:
De l'œil et de la voix il force ses soldats
A venger le plus noir de tous les attentats.
Soudain de toutes parts ils volent dans la plaine;
L'infidèle à son tour s'élance sur l'arène:
Des tourbillons de sable obscurcissent les cieux,
Le vallon retentit de leurs cris furieux.
Tel le cyclope ardent fait résonner la forge....
Le carnage s'échauffe, on se mêle, on s'égorge;
Le sang coule, bouillonne, et, promenant sa faux,
La mort du haut des airs sourit à ces tableaux.

L'IMPÉTUEUX Argant s'est ouvert un passage,
Il n'en veut qu'à Raymond... c'est lui seul qu'il outrage.
Mais cent braves Chrétiens enveloppent ses pas.
Pareil à l'aquilon qui, chargé de frimas,
Arrache dans son cours les cèdres des montagnes,
Et de leurs troncs brisés parsème les campagnes,

Argant, de l'ennemi soutient lui seul l'effort;
Seul il résiste au nombre, et balance le sort.
L'infidèle éperdu fuit et se précipite;
Il cherche son salut dans une prompte fuite.
Argant, mais vainement, voudrait le rallier,
Lui-même à ce torrent est contraint de plier.
Bouillon et ses guerriers poursuivent la victoire,
Et sans doute ce jour eût couronné leur gloire
Si les dieux infernaux, par un fatal secours,
N'eussent de leurs exploits interrompu le cours.

Le ciel perd tout à coup sa clarté vive et pure,
Un voile formidable embrasse la nature;
L'éclair brille, serpente, et l'humide Orion,
Sur son char nébuleux rembrunit l'horizon.
Le Jourdain en courroux précipite son onde,
Et la terre frémit sous la foudre qui gronde.
Les Autans mutinés, dans cette nuit d'horreur
Semblent sur les Chrétiens se débattre en fureur;
Des chênes ébranlés au fond de leur racine,
Ils traînent les débris de colline en colline,
Et les rocs suspendus à la cîme des monts,
Roulent, en bondissant, jusqu'au pied des vallons.

Tout tremble, tout gémit, et le Chrétien timide
Baisse sous la tempête un front pâle et livide.

Clorinde le poursuit, et ranime les siens;
« Amis, dit-elle alors, les dieux sont nos soutiens:
» Voyez comme pour nous leur pouvoir se déclare!
» Ils vengent notre injure, et frappent le barbare;
» Il fuit, il est vaincu.... mes vœux sont exaucés».
A ces mots elle fond sur les rangs dispersés.
Argant revient lui-même, et la mort le devance;
Les Chrétiens fugitifs font peu de résistance:
Poursuivis par l'enfer, quel serait leur espoir?
Godefroi les gourmande.... il veut les émouvoir;
C'est en vain. Dans le camp, son armée éperdue,
Evite l'infidèle et les traits de la nue;
Mais l'orage la suit dans ses retranchemens:
La grêle, l'aquilon, la foudre, les torrens,
Par un horrible accord vomissent sur leurs têtes
Les fléaux conjurés des plus noires tempêtes;
Tandis que le païen, fier et victorieux,
Dans les murs de Sion court rendre grace aux dieux.

FIN DU CHANT SEPTIÈME.

LA

JÉRUSALEM DÉLIVRÉE.

CHANT HUITIÈME.

SOMMAIRE

DU CHANT HUITIÈME.

Le chevalier Danois raconte à Godefroi la mort de Suénon. Des Chrétiens apportent dans le camp l'armure de Renaud. Discours séditieux d'Argillan. Bouillon se montre aux mutins, appaise la révolte, et fait charger de fers Argillan.

CHANT HUITIÈME.

L'ORAGE avait cessé; les voûtes éthérées
Se revêtaient d'opale et de flammes pourprées;
L'Aurore, aux pieds d'albâtre, au céleste souris,
Sortait de son palais sur un char de rubis;
Dans le vague des airs, la cohorte infernale
Ourdissait de nouveau quelque trame fatale:
La Discorde avec eux médite des forfaits....

« O fille de la nuit ! ajoute à tes bienfaits,
» Lui dit le fier Moloch; il est temps de proscrire,
» De punir ces brigands, fléaux de notre empire:
» Vois marcher ce Danois vers le camp des Latins.
» Il va de Suénon dévoiler les destins.
» Tu sais que Soliman, ce guerrier intrépide,
» A plongé dans son cœur une main homicide:
» Tous les soldats du Nord sont tombés sous ses coups;
» Un seul vient d'échapper à son juste courroux.
» Il va, par ce récit, trahir notre vengeance,
» Et de nos oppresseurs éclairer la prudence.
» Distille tes poisons sur ce camp odieux,
» Détruis dans le berceau ses projets factieux;
» Remplis-le de tumulte et d'horreurs et d'alarmes,
» Qu'ils s'égorgent entre eux avec leurs propres armes ».

Il dit. Le monstre impur sourit à ses desseins,
Et vole au même instant vers le camp des Latins.
Cependant le Danois arrive à la barrière :
On l'ouvre. Ses accens, sa contenance altière,
Ses traits majestueux annoncent un héros....
Admis près de Bouillon, il lui parle en ces mots :
« Invincible guerrier, toi dont la destinée
» Attire les regards de la terre étonnée ;
» Toi dont le bras armé pour venger l'Eternel
» Soumet l'Asie entière à son culte immortel,
» Qui dispenses des lois à cent peuples fidèles,
» Je voudrais t'apporter de meilleures nouvelles ».
A ces mots il soupire, et reprend son discours.

« Le prince Suenon, au printemps de ses jours,
» Brûlait de partager la gloire de tes armes.
» Ni d'un père adoré, la tendresse et les larmes,
» Ni le sceptre qu'un jour sa main devait porter,
» Ni l'aspect des périls ne purent l'arrêter.
» Il voulait sous toi seul obtenir l'avantage
» De signaler le feu de son jeune courage.
» Son ame s'indignant de son obscurité,
» Enviait les honneurs de la célébrité.
» Renaud sur-tout, Renaud, à peine en son enfance,
» Fixant de l'univers l'auguste préférence ;
» Voyant pâlir l'Asie au seul bruit de son nom,
» Le remplissait de honte et d'émulation.

» Mais plus que tout encor cette flamme sacrée,
» Ce desir d'écraser une secte abhorrée,
» De suivre des Chrétiens l'étendard triomphant,
» Parlait à son grand cœur un langage puissant.
» Il rassemble à la hâte une troupe aguerrie,
» Et s'éloigne bientôt de la Scandinavie.
» L'empereur de Byzance accueille ses guerriers;
» Alors tu l'instruisis par différens courriers
» Des succès obtenus aux champs de l'Idumée.
» Tortose en ton pouvoir, Antioche enflammée,
» Le Turc et le Persan trompés dans leurs efforts
» Et leur rage captive expirant sur ces bords,
» Tu lui retraçais tout avec exactitude....
» Combien le temps pesait à son inquiétude!
» Combien il lui tardait de joindre vos drapeaux!
» On lui parle de toi, de tes vaillans héros:
» On lui dit que le fils de la belle Sophie
» Outragé par Gernan, le priva de la vie;
» Que, banni loin du camp, il porte en d'autres lieux
» Sa valeur indomptable et son bras glorieux.
» On ajoute qu'aux pieds de la fière Solime
» Vous allez l'arracher au tyran qui l'opprime,
» Que déjà ses remparts s'écroulent sous vos coups.

» De ses rares exploits Suenon est jaloux:
» Une heure, un seul moment lui semblent une année.
» Il craint que sa jeunesse, à languir condamnée,

» N'attache à sa mémoire un opprobre éternel.
» Il voit le Sarrazin percé du trait mortel :
» Ces exécrables murs vous ouvrent un passage,
» Et lui dans l'indolence, à la fleur de son âge,
» Privé de ses lauriers par vos mains recueillis,
» Et dont tous les Français brillent enorgueillis,
» Il traîne lâchement une obscure carrière....
» C'en est fait, la fierté presse son ame altière.

» A peine le soleil, ceint de rayons tremblans,
» Eclipsait de la nuit les flambeaux scintillans,
» Il part; et sans tenir une route certaine
» Il vole droit au but où son ardeur l'entraîne :
» Par des chemins nouveaux il dirige nos pas;
» Nous bravons avec lui la neige et les frimas.
» Ici des ennemis entourent notre armée :
» Plus loin dans les déserts, par la faim consumée,
» Sous un ciel rigoureux, à la merci des vents,
» Elle marche au hazard sur des sables mouvans.

» Vainqueur de ces dangers par la grace divine,
» Déjà nous découvrons l'antique Palestine.
» Tout à coup nos coureurs nous rejoignent troublés :
» Ils ont vu devant nous des soldats rassemblés;
» L'air au loin retentit des sons de la trompette,
» Peut-être leur approche expose notre tête....
» La terreur, à ces mots, s'empare des Danois;

» Mais Suénon lui seul, digne sang de nos rois,
» D'un front calme et serein écoute ce langage.
» Compagnons, nous dit-il, voici l'instant d'orage;
» Il luit enfin ce jour propice à nos desseins,
» Où nous triompherons de ces vils Sarrazins.
» Sur le ciel maintenant tout mon cœur se repose;
» En combattant pour nous, il défendra sa cause:
» Trop heureux que la mort acquitte nos sermens
» Et couronne à jamais leurs saints engagemens.
» Brûlons du même zèle, et j'ose vous prédire
» Les palmes de la gloire ou celles du martyre.
» L'univers attendri dressera dans ces lieux
» A nos mânes plaintifs un temple glorieux,
» Et ses peuples, souvent les yeux baignés de larmes,
» Viendront nous y bénir, et révérer nos armes.
» Il dit, et distribue à chacun des guerriers,
» Avec discernement des soins particuliers.

» Les astres de la nuit roulaient dans l'étendue.
» Aux rives du couchant par degrés descendue,
» Phébé ne jette plus qu'une pâle clarté.
» Tout dort; tout du repos goûte la volupté.
» Seuls nous veillons encor.... Des hurlemens funèbres
» S'élèvent tout à coup du milieu des ténèbres.

» Suénon le premier s'élance hors du camp;
» Une sainte fureur fait bouillonner son sang.

» L'audace est sur son front.... Sa voix éclate, tonne...
» Un cordon d'ennemis bientôt nous environne:
» L'air s'allume et mugit.... Une grêle de dards
» Siffle, vole, et sur nous tombe de toutes parts.
» Mais le ciel est toujours couvert de voiles sombres;
» Nos exploits, nos malheurs sont cachés dans les ombres.
» Suénon est par-tout.... La vigueur de son bras
» Perce, frappe, et moissonne un millier de soldats.
» Leurs cadavres divers lui servent de trophées;
» On n'entend que des cris, des plaintes étouffées.
» La mort en se jouant précipite ses traits,
» Et remplit du destin les sévères décrets.

» L'AURORE renaissante éclaire notre perte;
» De nos fiers compagnons la plaine était couverte.
» Ce jour tant desiré ne présente aux regards
» Que le hideux tableau des cruautés de Mars.
» Le camp est tout jonché de victimes sanglantes,
» De membres dispersés, de dépouilles fumantes.
» A peine cent de nous échappés à la mort
» Luttaient, mais faiblement, contre l'injuste sort.
» J'ignore si le prince à ce tableau funeste
» Conserva la fierté de son ame céleste;
» Mais il ne trahit point le trouble de ses sens.

» IL me souvient toujours de ses derniers accens:
» Compagnons! le malheur nous ravit la victoire:

» Puisqu'il faut succomber, que ce soit avec gloire.
» Vos frères, vos amis, par le fer abattus,
» Reçoivent à présent le prix de leurs vertus;
» Ecoutez leurs concerts. Du haut de l'Empirée,
» Ils divisent des airs la barrière azurée.
» Il dit; et, ranimé par cet espoir flatteur,
» Il oppose au torrent sa fougueuse valeur;
» Ce n'est plus un mortel, c'est le dieu des batailles,
» Le sang à flots vermeils jaillit de ses entrailles;
» Mais plus terrible encore il brave le destin;
» La foudre est dans ses yeux et la mort dans sa main.
» Cependant un guerrier au maintien formidable,
» Et traînant à sa suite une horde exécrable,
» Après un long combat, sur le sable enflammé
» Renverse et foule aux pieds son corps inanimé.

» Dieux justes, il tomba cet ange tutélaire,
» Tel qu'un cèdre brisé par les coups du tonnerre:
» O restes précieux du plus grand des héros!
» Vous savez si mon cœur compatit à vos maux:
» Hélas! je ne fus point avare de ma vie;
» Plût au ciel que pour vous le sort me l'eût ravie!
» J'affrontai les dangers attachés à mes pas,
» Et ne pus mériter un glorieux trépas.

» Enfin sur les débris, au milieu du carnage,
» Seul je tombai, vivant, sans force et sans courage;

» Un lugubre bandeau s'épaissit sur mon front,
» Et mes sens absorbés dans un sommeil profond,
» Image de la mort qui m'eut été si chère,
» Jouirent quelque temps d'un repos salutaire;
» Puis mon œil se rouvrit, et dans l'obscurité
» Je crus appercevoir une faible clarté.

» J'ÉTAIS dans cet état, où l'ame sans puissance
» Perd jusqu'au sentiment de sa propre existence;
» Celui de la douleur toujours impérieux,
» Triomphait cependant de ce calme odieux.
» Je soulève à regret ma pesante paupière
» Que frappe tout à coup l'éclat de la lumière:
» Je regarde.... et je vois deux augustes mortels.
» Ainsi ceux qui jadis desservaient les autels:
» Ils tenaient un flambeau... sur leurs fronts vénérables
» La bonté se peignait en traits ineffaçables;
» Et de simples habits de blancheur éclatans,
» Ceignaient leur corps débile en longs replis flottans.

» L'UN d'eux alors s'avance, et me tient ce langage:
» Mon fils, à l'Eternel adresse ton hommage,
» Implore sa clémence, et crois à des bienfaits
» Que son cœur paternel ne refusa jamais;
» Il étend à ces mots une main sur sa tête,
» Et murmure tout bas sa prière secrète;

» Puis élevant la voix : Appaise tes douleurs,
» Trop malheureux guerrier ; je viens sécher tes pleurs ;
» Guéris..... Au même instant une vigueur soudaine
» Dans mon corps ranimé coule de veine en veine,
» Je me lève rempli d'espoir et de santé,
» Mais doutant si je veille, et comme épouvanté :
» Interdit, étonné, moi-même je m'ignore ;
» Le vieillard en sourit.... Quoi ! tu doutes encore ?
» Homme de peu de foi ! rassure tes esprits :
» Va, nous servons tous deux le Dieu que tu chéris ;
» Nos cœurs reconnaissans, dans cette solitude
» Se font de l'adorer une douce habitude.

» Ce Dieu qui peut d'un mot ébranler l'univers,
» M'a choisi pour finir le cours de tes revers.
» Suénon ne vit plus ; mais du corps de ton maître
» Les monstres des forêts ne pourront se repaître.
» Si le ciel de ses jours éteignit le flambeau,
» Sa suprême bonté lui réserve un tombeau ;
» Et les siècles futurs remplis de sa mémoire,
» Viendront y consacrer son trépas et sa gloire.
» Regarde cette étoile ; à l'éclat de ses feux,
» Marche et revois encor ce prince généreux.

» J'avance... Des flots d'or roulent dans l'atmosphère,
» Leurs rayons prolongés descendent sur la terre ;

» Ils couvrent le héros, qui tenait dans ses mains
» Son fer tout dégouttant du sang des Sarrazins.
» L'impitoyable mort respectant sa jeunesse,
» Conservait de ses traits la forme enchanteresse;
» Par un doux incarnat ils étaient colorés.
» Je mouille de mes pleurs ces restes adorés:
» L'inconnu me remet ce glaive redoutable,
» Qui fut dans tous les temps la terreur du coupable.

» Au plus grand des héros ce glaive fut promis,
» Qu'il lui soit par tes mains fidèlement remis;
» Digne de conserver un si noble héritage,
» Lui seul de Suénon peut effacer l'outrage.
» Soliman l'immola, Soliman à son tour
» Sous cet illustre fer doit tomber quelque jour.
» Du gage de sa mort heureux dépositaire,
» Obéis en silence au pouvoir qui m'éclaire:
» Il faut que de ton maître en ces lieux abattu,
» Ta voix publie encor l'audace et la vertu:
» Il faut que des vengeurs renaissent de sa cendre;
» Que ses hardis neveux s'arment pour la défendre,
» Et que son nom béni par la postérité,
» Remplisse tous les cœurs d'une humble piété.

» Non, ton attente, ami, ne sera point trompée.
» Cours au jeune Renaud confier cette épée;

» Dis-lui que l'univers, et ton maître, et les cieux,
» Fondent tout leur espoir sur son bras glorieux.
» Cours de ses compagnons enflammer le courage;
» Ne crains point les dangers semés sur ton passage;
» Le bras qui te conduit saura les dissiper.

» Un spectacle imposant alors vient me frapper;
» Le ciel s'arme d'éclairs, et la terre ébranlée
» Vomit à mes regards un riche mausolée;
» Il embrasse le corps du prince des Danois....
» Une invisible main y grave ses exploits.
» Ami, dit le vieillard, ce respectable asyle
» Contient de Suénon l'enveloppe fragile,
» Tandis que son esprit, brûlant d'un feu plus pur,
» A volé dans l'Ether sur des aîles d'azur.

» Toi, sèche enfin tes pleurs, et cesse de répandre
» Des stériles regrets qui flétriraient sa cendre:
» Suis-moi dans ma retraite, et dès que le soleil
» Aura franchi les bords de l'horizon vermeil,
» Tu pourras à loisir reprendre ton voyage,
» Et de tous mes conseils faire un fidèle usage.

» Je le suis; et bientôt, sur un mont sourcilleux
» Qui divise la nue et se perd dans les cieux,
» Je pénètre avec lui dans la grotte sacrée,
» Dont des rocs toujours frais embellissent l'entrée;

» C'est là que sans besoins et borné dans ses vœux,
» Il fuit d'un monde vain les plaisirs dangereux :
» Quelques fruits odorans, des légumes, des plantes,
» Réparent par degrés mes forces chancelantes.
» Un lit dur y reçoit mes membres fatigués;
» Mais, dès que du soleil les feux sont prodigués,
» Le vieillard me bénit, et, plein de confiance,
» Je réclame en ces lieux une juste vengeance.

» Généreux étranger, lui répond Godefroi,
» Tu pénètre nos cœurs et nous glace d'effroi;
» Ce prince infortuné n'a brillé sur la terre
» Que pour nous rendre, hélas! sa perte plus amère.
» Mais non, en ce moment, pur comme son auteur,
» Dans un monde nouveau vivant de son bonheur,
» Il coule à ses côtés une immortelle vie....
» Toi, bannis le chagrin dont ton ame est remplie,
» Il est temps d'éclaircir ce front chargé d'ennuis.
» De l'illustre Berthold tu demandes le fils?
» Hélas! nous ignorons en quel endroit du monde
» Il traîne loin de nous sa course vagabonde».

Alors, de toute part on pousse des sanglots.
Le tendre souvenir de ce jeune héros
Errant à la merci des peuples infidèles,
Rouvre dans tous les cœurs des blessures nouvelles :

On presse le Danois.... on étale à ses yeux
Des beaux jours de Renaud le tissu glorieux.

Cependant des Chrétiens rejoignent leur armée,
La douleur sur leur front paraissait imprimée:
Ils répandent des pleurs, et tiennent dans leurs mains
Une armure jadis précieuse aux Latins.
On la regarde: ô dieux! ô mortelles alarmes!
Ce sont du fier Renaud les triomphantes armes.
Aussi-tôt mille bruits circulent dans le camp:
On voit, on reconnaît le casque étincelant,
Cet oiseau renommé, dont la mâle paupière
Brave du dieu du jour l'éclatante lumière.
Cette lourde cuirasse et ces dards redoutés,
Qui naguère perçaient les rangs épouvantés.
Bouillon craint de céder à l'espoir qui l'entraîne,
Il connaît de Renaud la valeur souveraine;
Et son cœur oppressé de mille sentimens,
Se refuse toujours au rapport de ses sens.

Cependant Olderic se présente à sa vue,
Et prononce ces mots d'une voix abattue:
« Aux confins de Gaza s'élèvent des côteaux;
» C'est là que le païen paît de nombreux troupeaux:
» Nous allions les ravir. Aux pieds de ces collines,
» Un ruisseau promenait des ondes argentines;

» Nous en suivons le cours, et bientôt sur ses bords
» D'un guerrier inconnu nous découvrons le corps:
» Cet aspect me paraît d'un sinistre présage:
» Je cherche à démêler les traits de son visage;
» Mais la tête manquait au tronc défiguré;
» Par cent coups de poignard il était déchiré.
» Plus loin dans la prairie une armure brillante
» Etale à mes regards sa forme étincelante.
» Je m'avance, et rencontre un jeune villageois....
» Je l'appelle.... Il s'éloigne aux accens de ma voix.
» On l'arrête.... Il répond qu'une troupe en furie,
» La veille à ce guerrier avait ôté la vie;
» Qu'il paraissait à peine entrer dans son printemps,
» Et que ses blonds cheveux flottaient au gré des vents;
» Que l'un d'eux avait pris sa tête ensanglantée,
» Et que sur son coursier il l'avait emportée.

» A cet affreux récit je sens couler mes pleurs....
» Je fais rendre au guerrier les funèbres honneurs;
» Et prenant avec moi ses armes immortelles,
» Indignes de tomber dans des mains criminelles,
» Je reviens en ces lieux partager vos regrets.
» Et maudire du sort les injustes arrêts.

Il se tait. Cependant dans la céleste plaine,
La fille du Chaos roulait son char d'ébène;

Le sommeil entouré de légères vapeurs,
Verse sur les Chrétiens ses tranquilles faveurs.
Toi seul, brave Argillan, de ton ame égarée,
Dans l'ombre tu nourris la douleur concentrée.
Ardent, impétueux, hardi dans ses discours,
Sur les bords du Tronto coulant ses premiers jours,
Argillan, au milieu des guerres intestines,
Signala sa valeur par d'injustes rapines.
Banni de son pays, il en devint l'effroi.
Quelques brigands épars le choisirent pour roi.
Mais las de se souiller des crimes du vulgaire,
Il joignit des Chrétiens la fameuse bannière.

L'AURORE répandait de nouvelles clartés,
Et le repos fuyait de ses sens agités;
Enfin son œil se ferme, un fantôme farouche
L'enivre des poisons que distille sa bouche:
Il a pris d'un guerrier et la forme et les traits;
De son flanc entr'ouvert découle un sang épais;
Sa main gauche soutient une tête livide
Qui se débat encor sous le fer homicide;
Le visage couvert des voiles de la mort,
Paraît se ranimer, et parle avec effort.

» Fuis, mon cher Argillan! fuis, guerrier magnanime,
» Loin de ce camp impur où respire le crime;

» Fuis un chef odieux, avide de forfaits,
» Cachant sa perfidie à l'ombre des bienfaits;
» Il m'a ravi le jour.... Paré du diadême,
» Quiconque ne rend point à son pouvoir suprême
» Ce tribut de respect qu'exigent les tyrans,
» Expire par les coups de ses lâches agens.
» Ami, tu m'es connu. Ta valeur indomptable
» Ne voudra point fléchir sous ce joug exécrable.
» Aiguise ton poignard.... que Bouillon égorgé
» Venge par ses tourmens l'univers saccagé.
» Hâte-toi.... Chez les morts si tu crains de descendre,
» Que son juste trépas soit offert à ma cendre.
» J'attiserai ta rage, et ton bras glorieux
» De son sang inhumain abreuvera ces lieux ».
Il se tait, et s'envole. Argillan se réveille;
Ces sons entrecoupés remplissent son oreille;
Il s'arme, et de ce pas court trouver les Latins.
Là, sa bouche en ces mots exprime ses desseins:

« Ainsi donc un seul homme, aveugle en ses caprices,
» Un homme composé d'arrogance et de vices,
» Enivré des vapeurs d'un encens criminel,
» Gravera sur nos fronts un opprobre éternel!
» Jusqu'à présent, hélas! quelle fut notre vie?
» Sans cesse dans les fers et dans l'ignominie,
» Sous un joug détesté traînant des jours affreux,

» Et forcés de rougir même à nos propres yeux.
» De quel droit Godefroi nous traite-t-il en maître?

» Ce pouvoir dans ses mains quel dieu put le remettre?
» Déjà depuis sept ans un peuple de héros,
» Au centre de l'Asie a suivi ses drapeaux;
» Nous bravâmes pour lui la mort et les orages.
» Quittant du Tibre altier les fortunés rivages,
» La belle Campanie, et ses riches guérets,
» Nous avons traversé les monts et les forêts,
» Porté dans vingt climats le flambeau de la guerre,
» Du bruit de nos exploits rempli toute la terre.
» Quel prix de tant de soins!... Parjure à ses sermens,
» A-t-il encor sur nous étendu ses présens?
» Il ne peut étancher la soif qui le dévore.
» Les trésors du Persan, les richesses du More,
» Il a tout envahi. De stériles lauriers
» Ont seuls récompensé tant de braves guerriers:
» Mais son ame jamais ne parut satisfaite.
» N'a-t-il pas à Tancrède arraché sa conquête?
» Vous le savez, amis; ce héros indompté
» Soumit la Cilicie à son bras redouté;
» Du pieux Godefroi les cohortes avides
» L'usurpèrent sur lui par des moyens perfides.

» Mais ne rappellons plus ces antiques noirceurs,
» Et tirons le rideau sur ces scènes d'horreurs.

» Un nouvel attentat fait bouillonner mes veines....
» Vous crûtes que Renaud dans des plages lointaines
» Allait chercher la gloire au milieu des combats?
» Non.... De vils assassins attachés à ses pas,
» Des suppôts de Bouillon le prirent sans défense,
» Et d'un barbare chef servirent la vengeance.

» O dieux ! ô justes dieux ! vous avez des autels !
» Vous recevez l'encens des timides mortels,
» Et le crime triomphe, et les feux du tonnerre
» Du dernier des humains ne purgent point la terre?
» Renaud n'est plus... Hélas! tout nous manque aujourd'hui:
» De nos brillans succès cet invincible appui,
» Renaud, le fier Renaud, honneur de la nature,
» Aux confins de Gaza languit sans sépulture.
» L'ordre est interverti.... le ciel est outragé....
» Le trépas d'un héros n'est point encor vengé.
» Entendez-vous ses cris !.... Dans la nuit éternelle,
» C'est à nous qu'il remet le soin de sa querelle.

» Ce matin, quand le jour rallumant ses éclairs,
» S'élevait lentement sur la cime des airs,
» J'ai vu.... Braves guerriers croyez à ce langage,
» Ma raison était saine et mon œil sans nuage;
» Du fils du grand Berthold j'ai reconnu les traits;
» Une sombre pâleur ternissait ses attraits:
» Le dirai-je? en voyant son ombre gémissante,

» Eplorée, abattue, et de sang dégouttante,
» Pour la première fois j'ai senti la terreur.
» Que ferons-nous?.... Parlez, et sondez votre cœur.
» Ah! si vous partagiez l'espoir dont je me flatte,
» Nous irions sur les bords arrosés par l'Euphrate
» Combattre et triompher d'un peuple efféminé,
» Qui dans ses champs féconds, sous un ciel fortuné
» Coule des jours obscurs, et dans l'indépendance
» S'abandonne aux douceurs d'une oisive opulence;
» Là, du moins, ces trésors que nous aurons conquis,
» Par les mains d'un tyran ne seront point ravis.

» Cependant si le feu qui brûle dans mon ame
» Etendait jusqu'à vous les rayons de sa flamme,
» Je connais les devoirs qu'il nous faudrait remplir....
» Si les dieux m'exauçaient... Mais je vous vois frémir.
» Encore un pas, amis.... vous n'êtes plus esclaves;
» Rompons, il en est temps, ces indignes entraves:
» En frappant le tyran, nous vengeons à la fois
» L'Eternel qu'il trahit, l'univers et nos lois.
» Que les peuples sortis d'une stupeur profonde,
» Donnent par leur réveil un grand exemple au monde,
» Et que leurs cœurs jaloux de notre liberté,
» Se réchauffent enfin à sa pure clarté».

Il dit, et mille cris font retentir la plaine:
Chacun est dévoré d'une rage soudaine.

Le dépit, la fureur s'allument dans leur sein,
La discorde sur eux épanche son venin;
La révolte s'accroît, elle gagne l'armée....
Aux accens forcenés de la troupe animée,
Le fier Helvétien, les soldats d'Albion
Cèdent sans résistance à la contagion.
Telle, quand un foyer trop ardent l'environne,
Hors d'un vase d'airain l'eau s'échappe et bouillonne.

Tous ces peuples divers, mêlés et confondus,
S'avançent vers Bouillon.... Ses amis éperdus
Se rangent près de lui, soutiennent son courage....
Le héros, sans pâlir, entend gronder l'orage;
Il tourne ses regards vers la sphère du jour.
« Arbitre souverain, si ce cœur sans détour
» A jamais mérité les trésors de ta grace,
» Renouvelle à ma voix leur secours efficace....
» D'un peuple qu'on égare arrête la fureur,
» Et ferme sous ses pas l'abyme du malheur;
» Réprime les écarts d'une injuste licence »....

Il dit, et se remplit d'une noble assurance.
Le sceptre est dans sa main; ses superbes habits
Etincèlent des feux de l'or et des rubis;
Plein de son innocence et du Dieu qui l'inspire,
Sur son front découvert la majesté respire:

Il se montre aux mutins, il leur parle.... Ses yeux
Brillent comme l'éclair qui sillonne les cieux;
Et sa voix en dépit des clameurs criminelles,
S'enfonce et retentit dans le cœur des rebelles.

« Quel est donc le motif qui peut vous emporter?
» Est-ce moi qu'on soupçonne et qu'on ose insulter?
» Connoissez-vous Bouillon, pour lui parler en maîtres?
» Je sais que parmi vous il se trouve des traîtres
» Qui veulent me noircir, et d'un souffle empesté
» De mes sages projets ternir la pureté.
» Est-ce là cette foi que l'on m'avait jurée?
» Si d'un fantôme vain votre ame est enivrée,
» Si vous voulez régner, commençons par savoir
» Qui de vous ou de moi mérite le pouvoir ».

» Jetez, je le permets, un regard sur ma vie:
» En quel temps, en quels lieux a-t-elle été flétrie?
» Renaud est mort; et moi, je suis son assassin!....
» Je n'irai point blesser le droit d'un souverain.
» Esclaves révoltés du sein de la poussière,
» Pensez-vous que Bouillon s'abaisse à la prière,
» Et que plaidant sa cause, une lâche terreur
» Avilisse ce bras qui fut toujours vainqueur?
» Eh quoi! tout l'univers, témoin de ma bassesse,
» Pourrait me reprocher une indigne faiblesse?

» Non, non, ce sceptre d'or, symbole de mon rang,
» S'il doit m'être ravi s'éteindra dans mon sang.
» La justice aujourd'hui fait place à la clémence;
» Je ne peserai point dans la même balance
» Les vils séditieux et les chefs conjurés;
» Le perfide Argillan vous a seul égarés.
» Qu'Argillan dans les fers expiant son injure,
» Aille attendre la mort réservée au parjure.

Il dit, et ses accens et ses regards vengeurs,
De crainte et de surprise ont glacé tous les cœurs.
Tout plie á son aspect. Cette foule insensée,
La honte sur le front et la tête baissée,
Voit tomber de sa main ces armes et ces traits
Qui devaient couronner le plus grand des forfaits.
Tout frémit.... La vertu ne connoît point d'obstacles;
Elle émane des dieux, et dicte leurs oracles.
L'intrépide Argillan, pâle, défiguré,
Au milieu des amis dont il est entouré,
Sent le froid du trépas circuler dans ses veines;
Il s'avance, soupire, et tend les mains aux chaînes.

Tel à des jeux cruels un lion destiné,
Malgré ses vains efforts sur l'arène amené,
Rompt ses liens, secoue une épaisse crinière,
Rugit, se bat les flancs, et franchit la barrière:

Il sème devant lui la mort et la terreur;
Mais dès qu'il voit la main qui dompta sa fureur
Et qui rend sa fierté docile à la menace,
Il oublie à l'instant sa force et son audace;
Il reconnaît son maître, et l'œil moins enflammé,
Subit avec respect le joug accoutumé.

On dit que descendu de la sphère étoilée,
Un céleste guerrier parut dans la mêlée,
Qu'il tenait dans ses mains un glaive meurtrier,
Et qu'il couvrit Bouillon d'un large bouclier.

L'ordre renaît enfin; on dépose les armes,
Et le calme succède aux plus vives alarmes.
Godefroi se retire et presse les travaux:
Avant que le soleil sortant du sein des eaux
Pour la troisième fois ait versé la lumière,
Il veut que dans son camp la trompette guerrière,
Donne l'heureux signal d'un jour tant souhaité,
Et guide ses soldats vers la sainte Cité.

FIN DU CHANT HUITIÈME.

LA

JÉRUSALEM DÉLIVRÉE.

CHANT NEUVIÈME.

SOMMAIRE

DU CHANT NEUVIÈME.

La Discorde, sous les traits d'Araspe, va trouver Soliman, et réveille sa fureur. Le Sultan, dans l'ombre de la nuit, attaque les Chrétiens. Le Très-Haut ordonne à Michel de précipiter dans les enfers les noires légions qui tourmentent ses guerriers. Ils reprennent alors l'avantage, et repoussent les Arabes.

CHANT NEUVIÈME.

Le rebelle soumis reposait sous sa tente :
Mais le monstre infernal trompé dans son attente,
Et ne pouvant forcer les arrêts du destin,
Vole en d'autres climats répandre son venin.
Par-tout à son aspect l'herbe meurt desséchée,
La fleur s'appesantit sur sa tige penchée,
Et le soleil voilé par de sombres vapeurs,
Ne verse qu'à regret ses feux générateurs.

Il s'arrête un moment sur ces plaines brûlantes
Où Soliman commande à des hordes errantes;
Soliman qu'on eût pu, dans les temps fabuleux,
Comparer aux géans qui gravirent les cieux.
Jadis le front paré d'un riche diadême,
L'Asie était témoin de son pouvoir suprême,
Quand le Français vainqueur arracha de ses mains
Ce sceptre redouté du reste des humains.

Ses états s'étendaient des rives de l'Euphrate
Jusqu'aux bords fortunés ou régna Mithridate.
Hélas ! dans un seul jour il perdit à jamais
Son trône, ses trésors, sa gloire et ses sujets.

Chassé de son empire, et n'ayant en partage
Que cette fermeté, compagne du courage,
Il traîna sur ses pas de fidèles amis,
Et se refugia dans la cour de Memphis.
Il y fut accueilli par un roi magnanime,
Qui s'apprêtait alors à défendre Solime.
Lui-même fut chargé d'acheter les secours
D'un peuple de brigands fertiles en détours:
Il fut les rassembler dans l'inculte Arabie,
Et dirigéa leurs pas au centre de l'Asie.

Dévoré de dépit, ardent, plein de valeur,
Il veut par de grands coups signaler sa fureur.
A leur tête il détruit, désole les campagnes,
S'empare des sentiers et du creux des montagnes,
Coupe les défilés, enlève des troupeaux,
Egorge les bergers et pille les châteaux.

La Discorde, empruntant une forme étrangère,
Trame d'autres complots, et descend sur la terre.
Elle a pris d'un vieillard le masque décharné;
Des injures du temps son front est sillonné,
Un arc est dans ses mains; une brillante aigrette
Flotte au haut du turban qui recouvre sa tête.
Elle joint Soliman, et lui tient ce discours :

« Au fond de ces déserts languirons-nous toujours?
» Dans leurs réduits obscurs des femmes étouffées,

» Des bourgs incendiés, sont-ce là des trophées?
» Tandis qu'en ce moment à la voix de Bouillon,
» Les Chrétiens vont saper les remparts de Sion;
» Qu'entre leurs mains déjà la flamme dévorante,
» Commence d'embraser cette ville opulente....
» Tu dors, fier Soliman, et tu ne songe pas
» Que ce même Bouillon envahit tes états!
» As-tu donc oublié ces mortelles injures?
» Quel démon peut fermer tes profondes blessures?
» A l'ombre de la nuit, dans leurs retranchemens,
» Attaque les Chrétiens, et remplis tes sermens.

» CROIS-EN le vieil Araspe: au déclin de son âge,
» Son œil de l'avenir dissipe le nuage.
» Il te voit à regret perdre dans le repos
» Des jours marqués jadis par d'illustres travaux:
» Les instans nous sont chers... Mais tes troupes fidelles
» Sauraient cueillir encor des palmes immortelles».

ELLE dit; et s'envole aux regards du Sultan.
« Grande divinité! lui répond Soliman,
» Sans doute tu quittas ton éclatante sphère
» Pour rallumer encor ma trop juste colère.
» Va, ma haine est trop forte, et ce n'est pas à moi
» Que d'un réveil terrible on impose la loi.
» Tu connais bien mon cœur! il te sera fidèle:
» Oui, je cours de ce pas où la gloire m'appelle.

» Mais toi, du haut des airs, daigne assurer mes coups,
» Et verse dans mon sein ta flamme et ton courroux ».

Il rassemble à ces mots sa farouche cohorte,
Réchauffe sa lenteur du feu qui le transporte,
Déploie avec fierté son funeste étendard,
Et donne en souriant le signal du départ.
La Discorde elle-même embouche la trompette:
Elle suit Soliman, et plane sur sa tête.
Alors la sombre nuit, de la cime des monts
S'alongeait par degrés et couvrait les vallons:
Mais au lieu d'accorder à la terre embrasée
Le tribut bienfaisant d'une douce rosée,
Elle épanche à grand bruit des flots bitumineux,
Et des taches de sang teignent son voile affreux.
Le ciel est enflammé par d'impurs météores;
A la pâle clarté de bleuâtres phosphores,
Des spectres menaçans circulent dans les airs,
Et l'abîme vomit tous les dieux des enfers.

Au milieu de l'horreur l'infidèle s'avance.
Près du camp des Chrétiens il arrive en silence,
Et là, par ce discours excitant ses soldats,
Il va les préparer à de nouveaux combats:

« Vous voyez, compagnons, ces tentes fastueuses,
» Des brigands que je hais retraites odieuses:

» Maintenant assoupis, qu'ils passent sans effort
» Des bras d'un doux sommeil dans les bras de la mort.
» Le succès est certain.... Mahomet nous envoie....
» Ces armes, ces coursiers deviendront notre proie.
» Bientôt victorieux et chargés de butin,
» Nous pourrons à loisir rendre grace au destin.

» Ce n'est plus cette troupe autrefois exercée,
» Ce n'est plus ce Chrétien qui subjugua Nicée:
» Une guerre si longue affaiblit sa valeur;
» Et brûlât-t-il encor de sa première ardeur,
» Songez que Soliman veille sur notre vie,
» Livrez-vous à l'espoir dont son ame est remplie,
» Courons à la victoire, et vengeons l'univers:
» Aujourd'hui nos tyrans connaîtront les revers.
» Je veux, donnant l'essor à mon mâle courage,
» Sur leurs corps déchirés vous frayer un passage.
» Leur dieu verra tomber son trône, ses autels,
» Et nous, le front paré de lauriers immortels,
» Nous entendrons l'Asie, heureuse et souveraine,
» Célébrer les héros qui brisèrent sa chaîne».

Il dit; et ses guerriers par des cris furieux
Répondent à sa rage, et font trembler les cieux;
D'horribles hurlemens les échos retentissent,
L'air s'allume, résonne, et les coursiers hennissent.

A ce bruit le Chrétien s'éveille en frémissant....
Il s'apprête au combat. Mais dans le même instant,
Aussi prompt que l'éclair ou les feux du tonnerre,
L'intrépide Sultan lui fait mordre la terre.
L'Océan en courroux, ces torrens sulfureux
Que l'Etna voit sortir de ses flancs ténébreux,
L'Aquilon échappé de ses grottes profondes,
La foudre qui serpente et sillone les ondes,
Sont moins impétueux, ont moins d'activité....
Il enfonce les rangs avec rapidité;
L'Arabe sur ses pas montre tout son courage,
Et le camp est jonché de deuil et de carnage.

Le casque du Sultan, ouvrage merveilleux,
Porte au lieu de cimier un dragon écailleux;
Le monstre se recourbe, et s'alonge, et se dresse,
L'art paraît lui donner la vie et la souplesse;
Il siffle, se replie, et vomit à sillons
Parmi des feux infects les plus âcres poisons;
A travers ces torrens de flamme et de fumée
S'élance un triple dard dont sa gueule est armée....
Dans le sein de la nuit son horrible splendeur
Sème de tout côté l'épouvante et l'horreur.

Le terrible Sultan paraît invulnérable,
Et la mort lui remet son sceptre formidable:
Tout fuit à son aspect. Les Chrétiens éperdus,

Dans leurs retranchemens se pressent confondus.
Quelques-uns cependant signalent leur audace.
Latinus, revêtu d'une lourde cuirasse,
Le brave Latinus, né sur les bords fameux
Que le Tibre enrichit dans son cours orgueilleux,
Quoiqu'énervé par l'âge affronte la tempête;
Il marche avec cinq fils qui veillent sur sa tête;
L'exemple paternel ranime leur fierté.
« Mes enfans, leur dit-il, fier de l'impunité,
» Ce cruel Sarrazin, dans le sang de vos frères
» Baigne depuis long-temps ses armes meurtrières,
» Et nous sommes oisifs! Souvenez-vous, mes fils,
» Que de faibles succès sont dignes de mépris ».

Ainsi dans les forêts qu'habite le Numide,
Au fond d'un antre sourd la lionne homicide
Dresse ses lionceaux, les accoutume au sang:
Du cerf en leur présence elle entr'ouvre le flanc,
Les excite à flairer ses entrailles fumantes,
A dévorer ses chairs encore palpitantes:
Mais, quand l'âge a formé leurs dents et leur vigueur,
Ils vont, loin de leur mère, affronter le chasseur:
Tel l'auguste vieillard, avide de carnage,
Aiguillonne ses fils, exalte leur courage.

Tous les cinq à la fois attaquent Soliman...
Que pourrait leur courroux contre ce fier Sultan?

Il les brave, et se rit d'une atteinte inutile.
Tel au milieu des mers un rocher immobile,
Se soutient par son poids sur les flots orageux,
En dépit de leur rage et des Autans fougueux.
Il frappe de son dard le premier adversaire;
Le sensible Sabin qui voit tomber son frère,
Accourt pour le venger: mais le sort le trahit,
Sa force l'abandonne, et lui-même il périt.
Armand s'offre à son tour: le guerrier en furie
Epuise dans son cœur les sources de la vie;
Son ame en gémissant s'envole chez les morts.
En vain Pic et Laurent unissent leurs efforts,
Le même coup, hélas! tranche leur destinée,
A peine en son aurore au trépas condamnée.

O père infortuné, quel est ton désespoir!
Peux-tu venger tes fils, l'oses-tu concevoir?
En proie à la douleur qui dévore ton ame,
De tes jours languissans que t'importe la trame?
Le malheur te ravit ces tendres arbrisseaux:
Ils croissaient sous tes yeux; leurs utiles rameaux,
Par leur ombre chérie eussent dans ta vieillesse
Acquitté tous les soins rendus à la jeunesse.
Tu n'as pu recueillir ni leurs derniers accens,
Ni périr avec eux dans leurs embrassemens.

Il fond sur Soliman. Sa main désespérée

Lui plonge dans l'épaule une pique acérée :
L'infidèle frémit ; mais son glaive inhumain
Répare sa blessure, et lui perce le sein.
Le vieillard chancelant, tombe, sanglotte, expire,
Et va joindre ses fils au ténébreux empire.
Ainsi sur l'Apennin le chêne sourcilleux
Qui soutenait la voûte où reposent les cieux,
Ébranlé tout à coup au fond de ses racines,
Couvre de ses débris les campagnes voisines.

TANDIS que le Sultan se livre à sa fureur,
L'Arabe auprès de lui montre la même ardeur.
O Dragut ! sous tes coups que de tristes victimes
Descendirent alors au fond des noirs abîmes !
Holopherne, Gilbert, Philippe, Ariadin,
Enguerrand, Berenger, Gallus, Ernest, Irvin,
De leurs corps expirans vont mesurer la terre....
Je ne parlerai point de la foule vulgaire
Qui sous l'acier cruel, dans la nuit du tombeau,
Va d'une vie obscure éteindre le flambeau.

GODEFROI cependant encourage l'armée ;
De honte et de fureur tour à tour enflammée,
Elle immole, poursuit, enfonce les brigands :
L'ordre se rétablit et renaît dans ses rangs.
Mais d'autres ennemis arrivent dans la plaine.
Au secours du Sultan Clorinde les entraîne.

« Guelfe, lui dit Bouillon, entends-tu ces clameurs?
» Sans doute de Sion les nombreux défenseurs
» Tendent à nos guerriers des embûches nouvelles....
» Va garantir mon camp de leurs troupes cruelles;
» Moi, je reste en ces lieux ». Guelfe part à l'instant,
Et Godefroi s'attaque aux soldats du Croissant.
Ses bataillons épars à sa voix se rassemblent,
Le sort change de face, et les Arabes tremblent.

Tel l'Eridan modeste, en commençant son cours,
Des ruisseaux qu'il rencontre emprunte les secours;
D'abord un lit étroit le presse et le resserre;
Bientôt il l'agrandit. Déjà plus téméraire,
Il lève un front altier, redouble ses efforts,
Et verse dans la mer ses liquides trésors.

Tel Godefroi, souillé de sang et de poussière,
Force des ennemis la puissante barrière.
A droite, à gauche, il perce, entr'ouvre les guerriers,
Fait voler le trépas, renverse les coursiers;
Sur des tas de mourans il a joint l'infidèle....
L'audace est dans ses yeux, son visage étincelle;
Le farouche Sultan s'oppose à sa fureur....
De ce combat fatal qui peut peindre l'horreur?
Qui peut dans leurs détours suivre ces deux épées,
Dans le sang des vaincus également trempées?

Les Chrétiens sous Bouillon reprennent leur fierté;
L'Arabe pâlissant recule épouvanté :
Les monstres infernaux accourent à son aide,
Il revient à la charge.... aucun parti ne cède....
Le brigand, le Latin, tour à tour repoussé,
Se rallie, et vingt fois s'égare dispersé.

Tel le brûlant Auster et le fougueux Borée
Se disputent par fois l'empire de Nérée;
L'espace retentit de leurs mugissemens,
L'onde s'enfle, bouillonne, et ses flots écumans
S'élèvent, avec eux entraînent les Naïades,
Et retombent du ciel en énormes cascades,
Lorsque le dieu des mers que fatigue leurs jeux,
Montre au-dessus des eaux son front majestueux.

Du côté de Sion les Parques implacables,
Ouvrent sur les Chrétiens leurs ciseaux redoutables.
Clorinde suit Argant, et cherche à précéder
Cet illustre rival, plus qu'à le seconder.

Mais l'Eternel, du haut de la voûte céleste,
Embrasse d'un coup-d'œil ce théâtre funeste;
De son trône brillant il dispense ses loix,
Veille sur l'univers, l'embellit à son choix,
Dirige des humains les passions soudaines,
Les rend libres, puissans, ou leur donne des chaînes.

Une seule lumière en ce lieu redouté,
Brille et répand sans cesse une triple clarté.
D'innombrables esprits, créés pour le connaître,
Célèbrent la grandeur de ce souverain maître;
Formés de son essence, également heureux,
Dans un humble respect ils vivent de ses feux;
Prosternés devant lui, les plaines azurées
Répètent les accords de leurs harpes dorées.

Il appelle Michel. Un casque radieux
Formé d'un seul rubis, presse ses blonds cheveux....
« Il est temps, lui dit-il, que le crime s'expie.
» Tu vois près de Solime une cohorte impie,
» Qui du fond de l'abîme a su rompre ses fers.
» Elle erre impunément dans le vague des airs:
» Dans le Ténare obscur fais rentrer ces rebelles,
» Et qu'ils cessent de nuire à mes guerriers fidèles ».

Il dit. L'ange soumis à ses justes décrets,
S'éloigne au même instant du céleste palais;
Il voit fuir sous son vol le monde planétaire,
Et ces globes qu'emporte un mouvement contraire.
A gauche, il voit rouler Saturne, Jupiter,
Et ces disques brillans parsemés dans l'Ether,
Dont un secret pouvoir soutient la masse énorme,
Dirige les retours et la marche uniforme.

Plus prompt que la pensée il descend vers ces lieux
Où notre sphère en proie à des vents furieux,
Invisibles moteurs des guerres intestines,
Périt, tombe, et renaît de ses propres ruines.
De ses ailes d'argent la divine splendeur,
Des ombres de la nuit perce la profondeur.
Tel le père du jour, à la fin des orages,
Imprime un arc vermeil sur le front des nuages;
Telle encore une étoile, en traversant les airs,
S'allume dans sa chûte, et lance des éclairs.

L'Ange arrive à ces bords où la troupe infernale
Anime les païens de sa rage fatale.
« Malheureux ! leur dit-il, qui du sein du mépris
» Manifestez l'orgueil dont vous fûtes punis,
» Avez-vous oublié la foudre vengeresse
» Qui scella vos destins du sceau de la bassesse?
» En dépit de vos traits, de vos complots obscurs,
» L'étendard des Chrétiens doit entrer dans ces murs.
» Troupe vile, aux tourmens pour jamais condamnée,
» Penseriez-vous lutter contre la destinée?
» Rentrez dans vos cachots; du creux de vos prisons
» Célébrez vos exploits, vantez vos trahisons »....
Il dit; et de sa lance il frappe les coupables.
Ainsi l'on voit d'oiseaux des essaims innombrables,
Quitter les bois flétris au retour des frimats,
Et chercher la chaleur en de nouveaux climats.

Ainsi précipités dans leurs grottes profondes,
Les monstres ont cessé leurs courses vagabondes;
Ils quittent à regret ce séjour lumineux,
Que des astres sans nombre éclairent de leurs feux,
Maudissent le destin que le ciel leur prépare,
Et roulent en grondant jusqu'au fond du Tartare.
D'une soudaine horreur le fier Argant frappé,
De leurs affreux serpens n'est plus enveloppé.
Cependant sa vigueur, loin de s'être amortie,
Paraît se réveiller avec plus de furie;
Il pousse dans les rangs son glaive meurtrier,
L'abreuve d'un sang vil comme d'un sang altier,
Et moissonne sans choix les guerriers misérables
Que le hazard présente à ses coups formidables.

CLORINDE près de lui se livre à sa fureur;
Elle atteint Rosimond et lui perce le cœur.
Rodolphe, Arnaud, Evrard, sous sa lance inhumaine
Abattus à la fois, ensanglantent l'arène;
Ivre de ses succès elle poursuit Albin,
Mais son glaive s'écarte et lui coupe la main.
Sur la terre rougie elle roule égarée,
Et cherche en vain le bras dont elle est séparée.
Tel le reptile impur dont on tranche le corps,
Fait pour se réunir d'inutiles efforts.

NON loin de là Gildipe, avec la même audace,

Perce Osmide au défaut de sa lourde cuirasse;
Elle porte la mort parmi les Sarrazins,
Et son bras leur ravit leurs plus vaillans soutiens.
Clorinde l'apperçoit, et s'élance contre elle;
Mais le destin trahit leur rage mutuelle.
Un torrent d'ennemis dans des circuits divers,
Enveloppe leurs pas et détourne leurs fers.
Guelfe fond sur Clorinde, et d'une main puissante
Effleure les contours de sa gorge charmante.
L'amazone s'indigne, et son rapide airain
A travers ses soldats s'ouvre un large chemin;
Mais la foule s'accroît, et dans des flots de poudre
Dérobe l'ennemi que menaçait sa foudre.
Alors tout se confond.... les vaincus, les vainqueurs
Remplisent les vallons de confuses clameurs.
Par un égal retour l'aveugle destinée,
Partage les succès de la foule acharnée.

L'AMANTE de Titon, reprenant son essor,
Sur les prés, dans les champs, versait ses larmes d'or.
Le farouche Argillan vient de rompre sa chaîne;
Il saisit une épée, et vole dans la plaine
Expier son erreur, chercher un beau trépas,
Et l'obtenir du moins au milieu des combats.

TEL un fougueux coursier dressant sa tête altière,
Agite dans les vents sa superbe crinière;

Impatient, il vole et traverse les eaux.
Déjà dans la prairie, où paissent les troupeaux,
Il arrive, et, couvert d'une épaisse fumée,
Roule sous ses naseaux une haleine enflammée:
Là, ses hennissemens font retentir les airs
Et de son œil guerrier jaillissent des éclairs.

Tel s'élance Argillan. Plein d'une noble audace,
A peine de ses pas on découvre la trace.
Dans ses bonds vigoureux il joint les ennemis;
Et d'un ton de dédain : « Quel dieu vous a commis
» A venir parmi nous affronter les tempêtes?
» Vil rebut des humains, vous briguez des conquêtes?
» D'où vous vient aujourd'hui ce chimérique espoir?
» A peine vos bras lourds peuvent-ils se mouvoir:
» Sans doute des brigands convoitent les richesses;
» Mais si l'ombre servit vos obscures prouesses,
» Pensez-vous, à l'éclat de ce jour qui nous luit,
» D'un succès passager goûter en paix le fruit » ?

Argillan parle encore, et perce Ariamènes,
La glace de la mort pénètre dans ses veines.
Sa bouche ne peut point articuler des cris,
Et fait en se fermant, un horrible souris.
Il poursuit. D'un revers il abat Agricalte,
Muleassem, Sélim, Aldiazil, Brimalte,

Et partage d'un coup le corps d'Ariadin;
L'infidèle succombe, et la mort dans le sein,
D'une voix défaillante il lui tient ce langage:
« Tu ne jouiras pas des effets de ta rage;
» Tremble, cruel vainqueur, le même sort t'attend....
» Soit, répond le guerrier... Mais tu meurs cependant:
» L'enfer avec plaisir reçoit ton ame impure,
» Et ton corps aux vautours va servir de pâture».

Près d'Argillan alors, un jeune Sarrazin
Signale sa valeur; on le nomme Lesbin:
Son teint est embelli des roses de l'enfance;
Ces mortels fabuleux que le vulgaire encense,
Le charmant Hyacinte et l'époux de Procris
Ne brillèrent jamais d'un plus vif coloris.
Son visage a l'éclat de la fraîche rosée
Qui ranime au matin la campagne épuisée:
Une poudre odorante orne ses blonds cheveux,
Et jusqu'à la fureur tout est doux dans ses yeux.
Diane, pour le suivre, eût quitté la Carie,
Et la tendre Vénus les bosquets d'Idalie.

Il monte un beau coursier plus léger que les vents,
L'aube a moins de blancheur, et ses crins ondoyans,
En flocons nébuleux retombent jusqu'à terre;
Le guerrier est armé d'un pesant cimeterre,

Il porte dans les rangs le désordre et l'effroi :
Mais tel est du hasard l'inévitable loi,
Argillan doit briser le tissu de sa vie.
Il plonge dans ses flancs une main aguerrie :
O prodige ! le fer s'égare en frémissant....
Hélas ! plus que son maître il est compatissant.
Le barbare redouble, et sa main toujours sûre
Déchire ces beaux traits, orgueil de la nature.

Le malheureux Lesbin implore sa pitié....
Aux genoux d'Argillan il s'est humilié :
A l'aspect du péril qui menace sa tête
Soliman sent troubler sa tendresse inquiète ;
Il vole le défendre.... O secours trop tardif !
Le jeune homme expirant, poussait un cri plaintif.
Il voit ses yeux éteints rouler dans un nuage,
Une molle pâleur s'étend sur son visage ;
Il se débat encor sous le glaive assassin,
Et le sang à longs flots s'échappe de son sein.
Telle une tendre fleur que le soc a tranchée,
N'embaume plus les champs, et languit desséchée.

L'INFIDÈLE soupire, et son ame d'airain
Pour la première fois accuse le destin ;
Son invincible bras laisse échapper ses armes....
Qui le croirait, grands dieux ! il sent couler des larmes !

Tu pleures, Soliman ! toi, guerrier indompté !
Toi, qui vis sans frémir un vainqueur redouté
Ravager tes états, envahir ta couronne ;
Tu pleures !... Malgré toi, ton grand cœur t'abandonne.
Mais Argillan respire, et son barbare fer
Dégoutte et fume encor d'un sang qui lui fut cher :
C'est l'éclair et la foudre.... Il brise son armure,
Et lui fait dans la gorge une large blessure ;
Loin d'être satisfait, il fend son bouclier,
Il partage à la fois et l'homme et le coursier,
S'enivre des douceurs de ce succès funeste,
Et foule sous ses pieds ce Chrétien qu'il déteste.
Vain remède à ses maux ! descendu chez les morts,
L'insensible Argillan peut braver ses transports.

Cependant Godefroi s'acharne à la victoire ;
Il s'est déjà couvert d'une immortelle gloire.
Tout à coup le secours vient d'un autre côté :
Un tourbillon de sable obscurcit la clarté ;
Il cache dans son sein les foudres de la guerre :
Cinquante combattans, semblables au tonnerre,
Accourent, et la mort vole de toutes parts ;
Une croix radieuse orne leurs étendards.
Non, quand j'aurais cent voix, et quand la renommée
Soutiendrait de ses sons ma poitrine enflammée,
Je ne pourrais jamais compter tous les brigands
Qui tombèrent bientôt sous leurs coups triomphans :

Par-tout règne l'horreur, le deuil et l'épouvante;
Ils savent maîtriser la fortune inconstante,
Et pareil à Protée, en ce jour glorieux,
Le sort change les traits de son masque odieux.

Des soldats d'Aladin l'espérance est trompée;
L'un jette sa cuirasse et l'autre son épée:
Et la foule timide, à l'aspect des Chrétiens,
Fuit comme un vil troupeau que dissipent les chiens.
L'honneur parle un instant.... La crainte le surmonte,
Et tous au sein des murs courent cacher leur honte.

Le brave Soliman, dans le feu du combat,
De sa rare valeur a montré tout l'éclat;
Mais que peut-il encor? Ses forces épuisées
Coulent avec son sang sous ses armes brisées;
En proie à sa langueur, il balance incertain....
Fuira-t-il avec eux, mourra-t-il de sa main?
Tel qu'un obscur brigand, cette affreuse journée
Verra-t-elle finir sa haute destinée?
Doit-il survivre, hélas! à la perte des siens,
En dérobant sa tête au courroux des Chrétiens?

» Oui, c'en est fait, dit-il; oui, le malheur l'emporte,
» Je vais fuir à mon tour... Toi, Soliman?... Qu'importe.
» Qu'un insolent vainqueur insulte à mes ennuis,
» D'un triomphe odieux qu'il recueille les fruits,

» J'y consens.... Un revers n'affaiblit point l'audace.....
» Je saurai me venger, j'en jure ma disgrace.
» Faible et vil ennemi, couronne tes forfaits;
» Je te laisse un moment poursuivre tes succès :
» Hâte-toi cependant de jouir de ta gloire,
» Mon retour va bientôt t'arracher la victoire,
» Non, je ne cède point.... Je dois entretenir
» De mes premiers affronts le mortel souvenir,
» Cette fatalité qui trahit mon courage
» Est le crime des dieux et non pas ton ouvrage;
» Le fer dans une main, dans l'autre le flambeau,
» Je viendrai contre toi du fond de mon tombeau :
» Il s'ouvre sous mes pas.... Mais dût-il y descendre,
» Soliman furieux renaîtra de sa cendre ».

FIN DU CHANT NEUVIÈME.

LA

JÉRUSALEM DÉLIVRÉE.

CHANT DIXIEME.

O

SOMMAIRE

DU CHANT DIXIEME.

SOLIMAN fuit. Accablé de fatigue, il s'endort. L'enchanteur Ismen le réveille, et le guérit de ses blessures. Il le conduit par un souterrain jusqu'à Jérusalem, et dans le palais d'Aladin. Retour des prisonniers d'Armide. Discours prophétique de l'hermite Pierre.

CHANT DIXIÈME.

TANDIS qu'il parle encore, un superbe coursier
Se présente à ses yeux.... L'intrépide guerrier
S'élance sur son dos, et saisissant les rênes,
Fuit comme un trait léger loin des tentes chrétiennes.
Son sang jaillit par bonds de son corps déchiré;
De honte et de fureur tour à tour dévoré,
Il fait retentir l'air de sa voix menaçante,
Et son glaive émoussé pèse à sa main tremblante.

TEL le loup, quand la nuit plane sur les hameaux,
Se glisse dans l'asyle où dorment les troupeaux;
Il se livre aux transports d'une barbare joie,
Et dévore en grondant son innocente proie;
Repoussé du bercail, au milieu des forêts,
Il court ensevélir ses horribles regrets:
Il regorge de sang; mais sa langue livide
Lèche encor les contours de sa gueule homicide,
Savoure le trépas.... tandis que dans ses flancs
La douleur fait bondir des membres palpitans.

TEL le roi de Nicée, abreuvé de carnage,
Dans le sang des vainqueurs veut éteindre sa rage.

Il s'éloigne en courroux, erre de toutes parts,
Et lance avec dèpit de sinistres regards:
Un cordon d'ennemis le presse, l'environne;
Il cède au nombre enfin.... sa force l'abandonne:
Un Dieu même l'arrache à la faux du trépas.
Par des sentiers secrets précipitant ses pas,
Il est en sûreté.... Mais son ame éperdue,
Entre mille projets balance suspendue....

« Ou vas-tu, Soliman, et quel est ton espoir,
» Faut-il que le malheur t'apprenne ton devoir?
» N'est-il plus de moyen?.... Quoi! renversé du trône,
» Vaincu par des brigands, maîtres de ma couronne,
» Attendrai-je en ces lieux que, comblant mes revers,
» Le ciel qui me poursuit me jette dans les fers?
» Moi, dans les fers!.... jamais.... Mon ame intimidée
» Peut-elle s'arrêter à cette affreuse idée?....
» Ah! cédons, s'il le faut, aux caprices du sort;
» Mais cherchons à Gaza la fortune ou la mort:
» Un monarque puissant y servira ma haine.
» Tremble, peuple cruel, ta ruine est certaine.
» Va, contraint à céder pour la première fois,
» Je suis à redouter bien plus que tu ne crois».

Alors le dieu du jour, au terme de sa course,
Laissait briller Vénus et les astres de l'Ourse.

Des douleurs du héros le profond sentiment
Se réveille et s'accroît de moment en moment;
Son corps tremble et frémit, la faim, la lassitude,
Ses regrets, tout ajoute à son inquiétude.
Il quitte son coursier, et cueille quelques fruits
Dans ces sauvages lieux sans culture produits;
Puis, cherchant à goûter un repos nécessaire,
Il bande sa blessure, et s'étend sur la terre :
Le dépit, le remords, invisibles vautours,
Souvent de son sommeil interrompent le cours.

Cependant quand la nuit, plus épaisse et plus sombre,
Règne avec le silence et redouble son ombre,
Morphée, en lui versant l'oubli de ses ennuis,
Ferme sous ses pavots ses yeux appesantis;
Mais tandis qu'il repose une voix effrayante
Vient frapper son oreille incertaine et tremblante.

« Soliman, Soliman! à des temps plus heureux
» Réserve du sommeil les plaisirs dangereux.
» Tes sujets sont courbés sous un joug exécrable,
» Nicée est au pouvoir du Chrétien qui l'accable....
» Et tu dors, imprudent!.... Une vaine langueur
» Etouffe la vengeance, aliment de ton cœur,
» Tandis qu'autour de toi des dépouilles sanglantes,
» Sur le champ de bataille éparses et fumantes,

» Demandent à grands cris les honneurs du tombeau...
» Autour de toi la haine agite son flambeau;
» Et tu dors!.... Attends-tu que la clarté nouvelle
» Dévoile ta mollesse et ta honte éternelle »?

L'INFIDÈLE se lève, et ses yeux menaçans
Tombent sur un mortel au déclin de ses ans:
Les rides de son front en attestent le nombre....
« O fantôme importun! qui, dans le sein de l'ombre,
» Oses insolemment troubler le voyageur,
» Eh! que t'importe à toi ma gloire ou mon malheur?
» Connais-tu Soliman?.... — Excuse ma franchise,
» Mon amitié pour toi sans doute l'autorise.
» Je veille sur tes jours, je lis dans tes desseins,
» Et viens pour assurer tes glorieux destins;
» Tu te rends à Gaza.... Ce pénible voyage
» Aigrirait tes douleurs sans servir ton courage:
» Pourquoi perdre d'ailleurs des momens précieux?
» Le Calife s'apprête à marcher vers ces lieux;
» Ce n'est point avec lui, ce n'est point sous un maître,
» Que dans tout son éclat ta valeur doit paraître.

» SUIS-MOI; je te promets qu'à la clarté du jour,
» Sans péril, sans combat, et même sans détour,
» Au sein de nos remparts je saurai t'introduire:
» Là, j'en conçois l'espoir (et le ciel me l'inspire).

» Tu pourras près de nous, et le fer à la main,
» Arrêter les progrès de ce peuple inhumain,
» Rassurer nos guerriers que la crainte environne,
» Et d'un roi malheureux affermir la couronne ».

Les traits majestueux, et le ton du vieillard,
Les accens de sa voix, tout, jusqu'à son regard,
Commandent le respect au farouche infidèle....
« O mon père! dit-il, je me livre à ton zèle :
» Va, ne me donne point de conseils superflus,
» Le meilleur est celui qui m'expose le plus.
» Forcé de partager la déroute commune,
» Indignement trahi par l'aveugle fortune,
» En butte à sa rigueur, j'ai peut-être un moment
» Suspendu les effets de mon ressentiment;
» Non que la soif du sang d'un peuple que j'abhorre,
» Dans le fond de mon cœur se fût calmée encore;
» Mais le poids des revers sur ma tête entassés,
» Ont produit la stupeur de mes sens émoussés....
» Cependant je te vois, et seul tu me rassures » ....

Il dit; et l'inconnu répand sur ses blessures
Un baume dont le suc et la douce chaleur
Dans son corps affaibli font couler la vigueur.
Alors un vent plus pur rafraîchissait la plaine,
On découvrait les monts, et l'époux de Climène

Commençait à verser sur leurs panaches verts
Les rayons de son disque élancé dans les airs.

« Partons, dit le vieillard : ce jour qui nous éclaire
» Va te rendre aux combats et servir ta colère.
» Profite, Soliman, d'un instant précieux,
» Et détermine enfin la justice des dieux ».

Ils montent sur un char. Ismen avec adresse
Gouverne les coursiers, les dirige et les presse :
L'essieu crie et gémit, les chevaux haletans
Sont baignés de sueur et d'efforts palpitans ;
Ils blanchissent d'écume, et plus prompts que la foudre,
Font lever sous leurs pieds des tourbillons de poudre.

Soudain avec fracas l'atmosphère obscurci
Se condense et compose un nuage épaissi ;
Son voile ténébreux repoussant la lumière,
Autour des voyageurs élève une barrière.
Transparent pour eux seuls, leurs regards assurés
Embrassent les objets dont ils sont entourés ;
Les brouillards du matin, les masses éclatantes
Qui roulent dans l'Ether en vagues ondoyantes,
Ces bois verts et touffus, dont un souffle plus frais
Balance et fait plier les mobiles sommets,
Ces reflets des couleurs, ces flots d'ombre azurée
Que chasse du zéphyr l'haleine tempérée ;

Tous ces tableaux enfin, dont un accord moëlleux
Au retour de l'aurore a décoré les cieux....

SOLIMAN étonné, jette par-tout la vue....
Il contemple son guide, et le char et la nue.
« O mortel bienfaisant! ô toi, dont le pouvoir
» Commande à la nature et flatte mon espoir!
» Toi, qui sais deviner le transport qui m'anime
» Et sonder de mon cœur le tortueux abime;
» De grace, si ton œil perce dans l'avenir,
» Réponds-moi.... nos tourmens sont-ils prêts à finir?
» Ami, l'Asie enfin doit-elle être vengée?....
» Mais éclaircis le doute où mon ame est plongée:
» Quel est ton nom?... Quel art, secondant tes projets,
» Par un charme vainqueur assure leur succès?...

» — SI c'est-là ton desir, je puis le satisfaire.
» Méprisant des mortels la science ordinaire,
» J'ai long-temps cultivé cet art impérieux
» Dont l'ascendant fatal est craint même des dieux.
» Par lui de l'univers j'ébranlerais les pôles:
» Au moindre de mes vœux, au bruit de mes paroles
» Je pourrais déchaîner les esprits infernaux,
» De la voûte céleste éteindre les flambeaux,
» Changer en flots de sang l'eau pure des fontaines,
» Et soumettre l'espace à mes lois souveraines;

» Je suis Ismen.... De moi tu dois tout espérer....
» Mais il est des secrets qu'on ne peut pénétrer;
» Et l'esprit des humains borné dans ses limites,
» Ne s'élance jamais loin des bornes prescrites.

» Les annales du monde, et celles des hazards,
» Dans une nuit obscure échappent aux regards.
» Nous marchons ici-bas à travers les disgraces
» Que le néant de l'homme a semé sur ses traces,
» Et la seule raison, cet auguste présent,
» Du suprême moteur ce rayon bienfaisant,
» En ouvrant quelquefois une route fleurie,
» Nous aide à supporter les peines de la vie:
» Le sage, le héros surmontent la douleur,
» Et sont les artisans de leur propre bonheur.

» Cependant envers toi le destin moins avare
» Te doua d'un grand cœur et d'une vertu rare.
» C'est à toi qu'il remit le soin de nous venger....
» Viens, ose, souffre, espère, affronte le danger;
» Invincible guerrier, achève ton ouvrage!
» Ton glaive, ton aspect vont écarter l'orage;
» Sois toujours Soliman, et de nos ennemis
» Viens ébranler les droits encor mal affermis.

» Oui, je vais, pour nourrir le feu qui te dévore,
» T'apprendre des secrets que le vulgaire ignore,

» Soulever un moment ce rideau ténébreux,
» Qui dérobe des temps le cours majestueux.

» Quelle vive clarté, dissipant les nuages,
» Brille d'un pur éclat sur l'océan des âges !....
» Roi des Turcs, je crois voir un héros de ton sang,
» Après mille travaux monter au premier rang.
» Je ne te peindrai point les arts et l'industrie
» Sous son règne fameux embellissant l'Asie;
» Je ne te peindrai point sa gloire, ses exploits,
» Cent peuples à son joug attachés à la fois;
» Mais ce qui doit sur-tout suffire à ta vengeance,
» Il saura des Chrétiens foudroyer la puissance,
» Abattre leur empire, et sur leurs corps sanglans
» Rétablir à jamais le culte des Croyans.
» Cette secte infidelle, et par-tout désunie,
» Promenant ses ennuis et son ignominie,
» Sans guides, sans secours, ira de mers en mers
» Echouer sur le sable au bout de l'univers ».

Ainsi s'exprime Ismen; et Soliman s'écrie:
« Trop fortuné mortel, que je te porte envie !
» Pourquoi le sort ardent à me persécuter
» M'enlève-t-il un prix que je sais mériter?....
» Cependant que ce ciel, aveugle en son caprice,
» Au succès de mes vœux soit contraire ou propice,

» Il me verra toujours sans joie et sans frayeur,
» Recevoir ses bienfaits et subir sa rigueur.
» L'astre qui suit dans l'air une course prescrite,
» S'échappera plutôt de sa céleste orbite,
» Avant que Soliman puisse oublier jamais
» L'amour de la justice et l'horreur des forfaits ».
En prononçant ces mots son visage étincelle,
Et le feu de l'audace allume sa prunelle.

ENFIN des ennemis il voit les étendards....
Dieux ! quel spectacle horrible a frappé ses regards ?
Les Chrétiens triomphans, sous leurs pieds homicides
Foulent de ses amis les cadavres livides.
De l'Arabe et du Turc les corps inanimés
Dans un vaste bûcher plus loin sont consumés.
Ses drapeaux déchirés roulent sur la poussière....
Les larmes du dépit vont mouiller ta paupière,
Soliman ! ton cœur saigne, et le destin jaloux
Ne t'avait point porté le dernier de ses coups.

QUI peindrait sa fureur ! Il frémit, il s'égare,
Et, las de résister à cet aspect barbare,
Il allait se jetter hors du char enchanté....
Mais le prudent Ismen modère sa fierté.
Il cède.... Les coursiers, plus prompts que la pensée,
Suivent dans le vallon une route tracée,

Et gagnent le sommet d'un côteau sourcilleux.
Là, sur ce sol inculte ils descendent tous deux:

Au sein d'un roc taillé s'ouvre une grotte obscure,
Que creusa dès long-temps la main de la nature:
Des genets épineux en défendent les bords:
Là croissent des ciprès, apanage des morts,
Des arbustes, des pins, dont les rameaux funèbres
Conservent en ces lieux d'éternelles ténèbres:
Les hiboux, les oiseaux que le jour éblouit,
Sous cet ombrage impur vont attendre la nuit.

L'ENCHANTEUR s'en approche; et le roi de Nicée
Entre et rampe avec lui sous la voûte abaissée.
« Ismen, dit-il alors, pourquoi fuir la clarté?
» Pourquoi suivre avec peine un sentier écarté?
» Mon bras se fût ouvert un plus noble passage....
» Celui-ci, je l'avoue, offense mon courage.

» — AH! ne dédaigne point ce chemin inconnu.
» Jadis Antiochus au trône parvenu,
» Et voulant des Hébreux réprimer l'insolence,
» Y cachait ses desseins dans l'ombre du silence:
» Mais de tous les mortels cet antre est ignoré.
» Cependant Aladin, de soucis dévoré,
» Rassemble autour de lui les grands de son empire;
» Un noir pressentiment le trouble et le déchire;

» Il consulte avec eux sur les plus sûrs moyens
» D'arrêter dans leurs cours les efforts des Chrétiens.
» Invisible à leurs yeux tu pourras les entendre:
» Dans le palais du roi ce sentier va nous rendre.
» Ecoute les avis, et captive un moment
» Ton fougueux caractère et ton emportement:
» Un héros à ses sens doit commander en maître;
» Quand il en sera temps je te ferai paraître ».

Il se tait à ces mots, et Soliman le suit.
La voûte cependant s'élève et s'élargit:
Ils respirent alors; leur marche est plus aisée.
Bientôt le vieil Ismen ouvre une porte usée,
Et de sales débris tous deux environnés,
Montent par des degrés à demi ruinés;
Un soupirail y jette une pâle lumière,
Et le mur est enduit d'une humide poussière:
Du fond de cet abîme ils arrivent enfin
A la salle brillante où siégeait Aladin.

Il était sur son trône. Une pâleur extrême
Ternissait de son front la majesté suprême;
L'invisible Sultan jette par-tout les yeux,
Il admire l'éclat de ce conseil nombreux;
Et bientôt le monarque exprime en ce langage
Le mortel déplaisir qu'on lit sur son visage:

» De mon auguste empire invincibles soutiens,
» Vous savez trop qu'hier ces perfides Chrétiens
» Aux pieds de nos remparts portèrent l'épouvante,
» Et que l'aveugle sort seconda leur attente.
» Que devenir, hélas! en ce fatal instant?
» Le secours est tardif, et le danger pressant:
» Nous avons tout perdu, mais l'Egypte nous reste.
» Je vous ai convoqué dans ce moment funeste;
» Donnez-moi vos conseils, et tâchez d'éclairer
» Un roi qui sur vous seuls ose encor espérer.
» En proie à mes ennuis, accablé de misères,
» Séchez, il en est temps, des larmes trop amères ».

Il dit. Argant s'avance: « O mon maître! ô mon roi!
» Au milieu de ta cour pourquoi semer l'effroi!
» Nous connaissons les maux qui menacent Solime;
» Mais nous savons aussi qu'un guerrier magnanime
» Loin de se rabaisser à de honteux secours,
» Triomphe par lui-même et méprise ses jours.
» Ce n'est pas que mon cœur se refuse à te croire;
» Le Calife, dis-tu, vient partager ta gloire,
» Et je serais sans doute injuste et criminel
» Si je pouvais douter d'un serment solemnel.
» Cependant je voudrais que ta craintive armée,
» Fût d'un zèle nouveau par tes soins enflammée,
» Que vaine de son maître et sûre de sa foi,
» De son courage seul elle reçût la loi.

» ALADIN! un revers suffit-il pour t'abattre?
» Plus le sort nous poursuit, plus on doit le combattre:
» Malgré son inconstance on le voit épargner
» L'intrépide mortel qui sait le dédaigner.
» Veux-tu d'un plus beau lustre honorer ta mémoire,
» Désormais à ton char enchaîner la victoire,
» Être plus qu'un monarque, être plus qu'un héros?...
» Ordonne que ton camp poursuive les travaux;
» Des dieux que nous servons imite les exemples:
» Quand le tonnerre gronde on leur dresse des temples.
» Laisse-là ce vil peuple et ses stupides cris;
» Il est d'autres soldats aux dangers aguerris,
» Qui loin de s'étonner d'un succès éphémère,
» Vont, si tu le permets, rentrer dans la carrière.
» Et toi, bannis enfin cette morne stupeur;
» Le jour de la vengeance est celui du bonheur:
» C'est mon avis».... Il dit; et retourne à sa place.

ORCAN se lève alors. Son maintien, son audace,
Annoncent un héros digne de ses aïeux....
Orcan daus les combats se fit un nom fameux.
Maintenant, énervé dans les bras d'une épouse,
Son ame, de l'honneur, cesse d'être jalouse.
Il est époux et père; et ce double lien
N'a fait de ce guerrier qu'un obscur citoyen.

« SEIGNEUR, je ne sais point blâmer une colère

» Qui naît d'une valeur peut-être trop sévère;
» Argant, dont la fierté s'explique sans détours,
» Eût dû dans le conseil mesurer ses discours;
» Mais la même fierté qui l'égare et l'abuse
» Le mène à la victoire.... et voilà son excuse.

» Toi dont l'expérience acquise par les ans,
» Jette sur l'avenir des regards prévoyans,
» Tu sauras modérer cette ardente jeunesse
» Et peser les projets mûris dans ta sagesse.
» Sans doute nos moyens sont encore nombreux,
» Nous pouvons retarder un moment douloureux,
» Peut-être de Bouillon châtier l'arrogance,
» Et des dieux irrités appaiser l'inclémence....

» Mais balance, Seigneur, et le danger présent,
» Et l'espoir éloigné du secours qu'on attend.
» Sion, fortifié par l'art et la nature,
» Bravera, j'en conviens, une secte parjure.
» Ses vaillans défenseurs, ses remparts, ses créneaux,
» Soutiendront et la flamme et le choc des assauts;
» Des instrumens de mort, d'indomptables cohortes,
» Veillent sur notre vie, et défendent nos portes....
» Cependant du hazard je redoute les jeux;
» Je redoute les cris d'un peuple furieux,
» D'un peuple au désespoir conduit à sa ruine
» Par les longueurs du siége et l'affreuse famine.

» Ces troupeaux, ce butin que des soldats obscurs
» Amenèrent hier dans le sein de nos murs,
» Tandis que le Chrétien aveuglé par sa rage
» S'abreuvait à loisir de sang et de carnage,
» Ne sont que des moyens faibles et passagers....
» En vain quittant pour toi des climats étrangers,
» Tes dignes alliés, à leurs sermens fidèles,
» Offriront à ton camp des ressources nouvelles;
» Je le dis à regret, mon cœur n'ose espérer
» Ce jour victorieux qui doit nous délivrer.
» Nous avons à combattre une nombreuse armée,
» A d'éclatans succès toujours accoutumée:
» Le Turc et le Persan sont tombés sous ses coups.
» Tu la connais, Argant, tu sentis son courroux;
» Clorinde, nos guerriers ont connu l'infortune,
» Je ne blâme personne, et la honte est commune.

» Je dis la vérité. Le bizarre destin
» Assure le succès de ce peuple inhumain;
» Mon zèle pour mon roi, l'amour de ma patrie,
» Règnent avec fierté dans mon ame attendrie;
» Je ferai tout pour eux, je n'ai qu'un sentiment,
» Et j'en prends à témoin le ciel qui nous entend.

» Généreux Aladin, ta politique habile
» A su te ménager une ressource utile.

» Tu conserves le trône en desirant la paix
» Mais le fier Soliman, sanglant, percé de traits,
» Peut-être en ce moment couché sur la poussière,
» A fini de ses jours la honteuse carrière.
» Peut-être fugitif, ou bien chargé de fers,
» Il languit loin de nous accablé de revers;
» Tandis qu'il aurait pu, par d'immenses largesses,
» Appaiser un vainqueur avide de richesses ».
Ainsi dans des discours vagues et tortueux,
Orcan enveloppait ses conseils captieux.

SOLIMAN, enflammé de dépit et de rage,
Conjure l'enchanteur d'entr'ouvrir le nuage;
Il paraît rayonnant d'une pure clarté....

« LE voilà, ce guerrier lâchement insulté.
» Le voilà ce sultan, fugitif, sans asyle,
» Entraîné par l'excès d'une crainte servile....
» Moi, fugitif! grands dieux, moi qui de ces Latins
» Ai vingt fois balancé les glorieux destins,
» Qui de leurs corps fumans ai recouvert leur plaine,
» Qui perdis mes soldats, victimes de leur haine!....
» Ma main saura prouver que dans les champs d'honneur
» L'effroi ne put jamais assoupir ma valeur.
» Si d'une voix impie Orcan osait encore
» Avilir la fierté dont mon ame s'honore,

» Si, traître à son pays, à sa croyance, à toi,
» Il demandait la paix et manquait à sa foi,
» O monarque chéri ! permets que cette épée
» Dans son sang criminel à tes yeux soit trempée.

» Eh ! que n'ai-je pas fait ! quand, en quels lieux, comment
» Ai-je souillé ma gloire, et trahi mon serment ?
» Quel mortel poursuivi par les noires furies,
» Eût jamais à venger autant de barbaries ?
» Chassé de mes états, allant dans les déserts
» Mendier des secours qu'on m'eût jadis offerts,
» N'ai-je pas, ramassant quelques troupes fidelles,
» Repoussé de Bouillon les hordes criminelles ?
» En butte aux traits du sort sans en être abattu,
» J'ai rempli les devoirs qu'impose la vertu.

» Mais si je fus trompé, si le courroux céleste
» A creusé sous mes pas un abîme funeste ;
» Si, jouet de ces dieux dont les faibles mortels
» Encensent vainement le culte et les autels,
» J'ai perdu mes sujets qu'écrasa leur tonnerre,
» Suis-je moins ce guerrier qui fit trembler la terre ?
» Oui, que tout désormais s'unisse contre moi,
» J'y consens ; mais du moins je saurai vivre en roi.
» On dira.... Soliman, chéri de la victoire,
» Sur le trône autrefois illustra sa mémoire ;

» Mais Soliman vaincu par la fatalité,
» Du monde qu'il soumit fut encor redouté.

» SEIGNEUR, écoute moins un conseil sacrilége;
» Orcan, le lâche Orcan t'entraîne dans le piége....
» Il veut t'épouvanter; mais il ne songe pas
» Qu'Ismen et le bonheur me rendent aux combats.
» Oui, d'un succès prochain ose entrevoir l'aurore;
» Je vais servir sous toi.... Que te faut-il encore?
» Au sein de leur bercail les timides agneaux
» Recevront sans frémir l'ennemi des troupeaux;
» Etouffant ses poisons, l'homicide vipère
» Pour le nid des oiseaux quittera son repaire,
» Avant que de la paix les infâmes liens
» Réunissent jamais Solime et les Chrétiens ».

IL dit; et son discours et ses regards sinistres,
Du timide Aladin ont glacé les ministres.
Orcan, morne et pensif, n'ose élever la voix,
Et le farouche Argant, pour la première fois,
D'un ascendant secret éprouvant la puissance,
La rage sur le front garde un sombre silence;
Mais ses yeux enflammés menacent le héros.
Tel, prêt à s'élancer sur de fiers animaux,
Un lion enivré de carnage et de joie,
Avant de la saisir considère sa proie.

Le monarque attendri, d'un souris gracieux
Accueille le guerrier, et rend graces aux dieux:
Les pleurs du sentiment inondent son visage...
Tel un sillon de feu luit au sein de l'orage.

« O généreux ami! qu'il est doux pour mon cœur
» D'embrasser aujourd'hui mon seul libérateur!
» Je t'entends... je renais... moment rempli de charmes,
» Combien pour t'obtenir j'ai répandu de larmes!
» Le plus cher de mes vœux est enfin exaucé;
» Mais je puis te revoir; mon malheur a cessé.
» Solime pousse au loin les cris de l'alégresse;
» Un héros te défend: fidèle à sa promesse,
» Il va de tes remparts devenir le soutien,
» Et protéger mon trône en recouvrant le sien».

AINSI les rois des Turcs et de la Palestine
Des soldats de Bouillon méditent la ruine:
Celui-ci du carnage arrêtant les fureurs,
Fait rendre à ses guerriers les funèbres honneurs:
Il veut que dans deux jours un assaut redoutable
Achève d'écraser cette ville coupable.

LES héros survenus dans le fort du combat,
Et dont le prompt secours avait changé l'état,
C'étaient les chevaliers qu'une flamme perfide
Naguère avait jeté dans les chaînes d'Armide:

Tancrède est avec eux. Curieux de savoir
Quel motif les ramène et comble son espoir,
Godefroi les rassemble, et placés sous sa tente,
Guillaume dans ces mots satisfait son attente.

« Je l'avoûrai, Seigneur, égarés par l'amour,
» Et malgré tes leçons esclaves sans retour,
» Nous pûmes étouffer la voix de la sagesse
» Et marcher sur les pas de l'adroite princesse.
» Quel est donc l'ascendant de la fatalité !
» D'un sentiment jaloux notre cœur tourmenté
» Ne savait plus s'ouvrir qu'à son charme funeste....
» Mais nous fûmes trompés, et la honte nous reste.

» Nous suivîmes d'abord ce guide dangereux
» Par des sentiers secrets et des chemins affreux;
» Cette fille du ciel, cette douce influence,
» Dont les nœuds parmi nous fixaient l'intelligence,
» Cet honneur tout-puissant dans nos veines transmis,
» Qui de tous ces héros faisaient autant d'amis,
» Maintenant oubliés, trahis pour une femme,
» A ses fougueux desirs abandonnaient notre ame.
» Chacun de nous, séduit par un penchant fatal,
» Ne voyait près de lui qu'un odieux rival,
» Qu'un rival dont la vie alarmait l'espérance....
» Bouillon, de notre amour telle fut la démence:

» Chacun de nous, hélas! dans l'abyme entraîné,
» Baisait encor la main qui l'avait enchaîné.

» ARMIDE d'un regard, d'un geste, d'un sourire,
» De ces indignes feux nourrissait le délire.
» Nous parvînmes enfin à de rians côteaux
» Où fument aujourd'hui les célestes carreaux :
» Bords charmans, où la terre était jadis parée
» Comme aux jours fabuleux de Saturne et de Rhée.
» A présent dans ces lieux, sur ce sol infecté,
» Couvert d'un noir limon dort un lac empesté,
» Sur ces flots sulphureux, l'homme, le fer, l'argile,
» Le corps le plus pesant, tout repose immobile;
» Des marais dont la fange empoisonne les airs,
» Enfantent le tonnerre, et forment les éclairs,
» Tandis que, couronnés de glaces éternelles,
» Des rocs semblent s'unir aux voûtes immortelles.
» A leurs pieds des forêts, horreur de ces climats,
» Balancent leurs rameaux hérissés de frimats,
» Et des tyrans de l'air la cohorte sanglante
» Y traîne en sons plaintifs une voix effrayante.
» Du sein du lac s'élève un magique palais
» Dont un mobile pont facilite l'accès :
» C'est là que nous conduit la perfide princesse.
» Dans cet heureux séjour tout respire l'ivresse;
» Le ciel est toujours pur : dans des bois toujours verts,

» Des oiseaux amoureux on entend les concerts;
» Tout porte dans les sens la fraîcheur et la vie.
» Tantôt, en vingt détours un fleuve se replie;
» Il coule mollement et promène ses eaux
» Sous des myrthes fleuris et courbés en berceaux:
» Quelquefois jaillissant en gerbes colorées,
» Il baigne du jasmin les tiges altérées;
» La rose, le lilas, de leurs douces vapeurs
» Parfument les gazons, étalent leurs couleurs:
» Par-tout l'or et le marbre imitent la nature;
» Par-tout l'œil enchanté méconnaît l'imposture.
» Le fils de Liriope, au bord des clairs ruisseaux,
» Cherche encor les appas qui causèrent ses maux.
» Les enfans du matin, de Zéphyr et de Flore,
» Y boivent les rayons du Dieu qui les colore;
» Et cet oiseau qu'émaille et la pourpre et l'azur,
» Plonge son bec de rose au crystal le plus pur,
» Tandis que du plaisir les vives étincelles
» Font tressaillir d'ardeur les plumes de ses aîles.

» Au milieu d'un bocage on nous offre des mets
» Où l' art le plus exquis épuisa ses secrets:
» Tous les fruits que mûrit la bienfaisant Automne,
» Les trésors de Palès et les dons de Pomone,
» A l'envi prodigués satisfont à la fois
» Et les yeux et le goût, indécis dans le choix.

» Mille jeunes beautés de leurs mains caressantes
» Remplissent avec soin nos coupes pétillantes :
» Armide nous sourit.... Son sein à demi nu,
» Ses propos gracieux et son air ingénu,
» Dans nos cœurs enivrés versent avec adresse
» Les poisons de l'amour et ceux de la mollesse.

» Soudain elle s'éloigne, et bientôt reparaît....
» Mais son front est moins calme et son regard distrait:
» Un livre est dans ses mains; elle y lit à voix basse:
» Alors tout change en moi, mon sentiment s'efface,
» Un voile ténébreux obscurcit ma raison,
» Et son art criminel me transforme en poisson.
» Je plonge dans les eaux, j'en remplis mes entrailles,
» Ma peau se retrécit et se couvre d'écailles:
» Mes compagnons, soumis à ce destin fatal,
» Se baignent à leur tour dans l'humide crystal.

» Mais Armide nous rend notre forme première;
» La flamme du courroux brille sous sa paupière,
» Et d'une voix tonnante elle tient ce discours:
» Chrétiens, vous le voyez; disposant de vos jours,
» Je puis glacer le sang qui coule dans vos veines,
» Vous durcir en rochers, vous dissoudre en fontaines,
» Lire au fond de vos cœurs, défigurer vos traits,
» Et plier la nature à mes charmes secrets.

» Vous pouvez cependant mériter ma clémence,
» Et prévenir la mort par votre obéissance.
» Quittez d'un culte vain les frivoles erreurs,
» Reconnoissez mes dieux, et servez mes fureurs;
» Armez-vous avec moi contre un chef sacrilége
» Dont la feinte bonté vous guide dans le piége....

» Justement indignés de ce pacte cruel,
» Pleins d'ailleurs de la foi promise à l'Eternel,
» Tous à cet ordre affreux refusent de souscrire....
» Raimbaud seul, égaré par un lâche délire,
» Raimbaud, sourd à l'honneur comme à la piété,
» Se souilla bassement de cette atrocité.
» Pour nous, ensevelis dans des cachots funèbres,
» Nous allons y languir au milieu des ténèbres;
» Tancrède, que le sort amène dans ces lieux,
» Est chargé comme nous de liens odieux.

» Enfin la prison s'ouvre.... O mortelles alarmes!
» D'infâmes Musulmans s'emparent de nos armes.
» On nous mène à Damas comme de vils troupeaux,
» Pour y subir encor des outrages nouveaux.

» Nous marchions, quand le ciel, sensible à nos disgraces
» Termina les malheurs attachés à nos traces.
» Nous rencontrons Renaud.... ce guerrier indompté,
» Qui joint à la valeur la sainte humanité,

» Ce héros dont s'honore et le ciel et la terre,
» Plus actif que l'éclair précurseur du tonnerre,
» Disperse les brigands dont nous suivons les pas,
» Détache ou rompt nos fers, et nous rend aux combats...

» Je l'ai vu, j'ai pressé ses mains victorieuses:
» Garde de te livrer à des rumeurs trompeuses.
» Renaud respire encore: auprès de Bohemond
» Il gémit de sa faute, et pleure sur Sion ».

Guillaume parle ainsi. Le pieux solitaire
Elève vers le ciel son humide paupière.
Un feu sacré l'anime, et ses regards perçans
Sondent la profondeur de l'abyme des temps.
Il hésite.... A la fin sa langue se délie....

« Renaud vit loin de nous. Une femme avilie
» Abuse en ce moment de sa crédulité;
» Il dort entre ses bras, ivre de volupté.
» Mais un Dieu le protège, et son jeune courage
» De l'univers entier méritera l'hommage.
» L'éclat de ses vertus, ses illustres exploits
» Qui fatiguent déjà la déesse aux cent voix,
» Ne sont que les essais et les jeux de l'enfance.

» Je le vois d'un mortel châtier l'arrogance;
» Son aigle impérieux ravira quelque jour
» La timide colombe aux serres d'un vautour.
» Il renaît dans des fils dignes de leurs ancêtres;

» Leur légitime orgueil ne connaît point de maîtres.
» D'un père généreux illustres descendans,
» Ils protègent le peuple, écrasent les tyrans.
» Sur les membres épars de leur hydre étouffée,
» A l'Arbitre Eternel ils dressent un trophée,
» Et sont le bouclier des fidèles Latins....
» Voilà, sage Bouillon, quels seront leurs destins ».

Il dit. Par ce discours dissipant les alarmes,
D'un heureux avenir il dévoile les charmes.
Cependant la nuit sombre efface les couleurs,
Dispense le repos, et charme les douleurs:
Sous leurs tentes alors les guerriers se retirent,
Pour goûter le sommeil que leurs travaux desirent;
Mais Bouillon, agité de sentimens divers,
Au milieu de son camp a seul les yeux ouverts.

FIN DU CHANT DIXIÈME.

www.ingramcontent.com/pod-product-compliance
Lightning Source LLC
LaVergne TN
LVHW050508100826
845148LV00002B/268

* 9 7 8 2 0 1 2 5 6 1 6 8 7 *